Georg Schwikart (Hg.)

Du hast mich beim Namen gerufen

Georg Schwikart (Hg.)

Du hast mich beim Namen gerufen

Texte und Geschichten zur Taufe

FREIBURG · BASEL · WIEN

© Verlag Herder GmbH, Freiburg im Breisgau 2010
Alle Rechte vorbehalten
www.herder.de

Umschlaggestaltung: Finken & Bumiller
Satz: Barbara Herrmann, Freiburg

Herstellung: fgb · freiburger graphische betriebe
www.fgb.de

Gedruckt auf umweltfreundlichem, chlorfrei gebleichtem Papier
Printed in Germany

ISBN 978-3-451-32819-0

Inhalt

Einleitung
Die Taufe – ein großes Geschenk 7

1. Du bist uns willkommen!
Hineingeboren in die Welt 11

2. Du bist ein Bote des Glücks
Geschenktes Wunder des Lebens 31

3. Du bist einzigartig
Der Name und seine Patrone 45

4. Du bist nicht allein
Begleitet von Eltern und Paten 59

5. Du bist auf dem Weg
Gott suchen und finden: Gabe und Aufgabe 79

6. Du bist geliebt von Gott
Getragen vom Glauben der Kirche 103

7. Du bist getauft
Wasser und Licht – sprechende Zeichen 117

8. Du bist in Gottes Hand
Fürbitten, Wünsche und Segen 133

Quellenhinweise 155

Autorenregister 159

Einleitung
Die Taufe – ein großes Geschenk

Auch in unserer Epoche abnehmender Kirchenbindung steht die Taufe als schönes Familienfest bei vielen Menschen noch hoch im Kurs. Das Verlangen nach einer feierlichen Zeremonie zu Beginn des Lebens mag einem geradezu magischen Schutzbedürfnis entspringen. Doch dahinter steht auch der aufrichtige Wunsch, das Kind mit dem Besten auszustatten, wenn es seinen Weg durchs Erdendasein beginnt.
Warum Eltern ihre Kinder taufen lassen wollen, können sie meistens gar nicht begründen. Doch deswegen anzunehmen, es gehe ihnen nur um einen Anlass für eine Familienfeier und Geschenke, greift zu kurz. Auch die schwer zu fassende Sehnsucht nach dem „Unbenennbaren" spielt in der Regel eine Rolle. Die Chance der Kirche ist es, dieses „Unbenennbare" in der Taufliturgie zu benennen: Es geht darum, das Kind offiziell anzunehmen, ihm seinen Namen zu geben, die Paten zu verpflichten, den Täufling zum Mitglied der Kirche zu machen und ihn, seine Eltern und Paten, seine Familie und Freunde mit guten Wünschen auszustatten, also zu segnen. Kurz, die Taufe macht deutlich, dass der Täufling etwas mit Gott zu tun hat: Sein Leben hat in Ihm Ursprung und Ziel. Im Glauben wird der Getaufte seine Erfüllung finden.

Bei Kindern sind Eltern, Paten, Verwandte und die ganze Gemeinde gefragt, die Kleinen zu unterstützen und ihnen Möglichkeiten zu eröffnen, Gott als lebendige Wirklichkeit zu erfahren. Wer sich als Jugendlicher oder Erwachsener taufen lässt, möchte seine Existenz aus der Perspektive des Vertrauens auf den dreifaltigen Gott gestalten. Er will dazu ein bewusstes „Ja" sagen.

Die dogmatische Tauflehre umfasst darüber hinaus noch viel mehr Aspekte, spricht von Rettung und Befreiung von der Erbsünde, von einem Nachvollzug des Todes und der Auferstehung in Jesus Christus. Einige dieser – in der Tat nicht immer leicht zugänglichen – theologischen Inhalte sind heutzutage für viele Menschen kaum noch nachvollziehbar und nur schwer zu vermitteln. Die kirchliche Tradition hat dafür über Jahrhunderte hinweg eine reiche Anzahl an Zeichen ausgebildet; doch können auch diese heute oft nicht mehr eindeutig verstanden werden, wenn der Hintergrund des Glaubenswissens fehlt.

Die taufenden Liturgen geraten so in Versuchung, alle Symbole katechetisch zu deuten. Aber zu reichliche Erklärungen würden aus der Feier der Taufe eine pädagogische Veranstaltung machen. So ist es bisweilen klüger, sich auf die Entfaltung nur eines Zeichens zu beschränken und die anderen im Vertrauen auf ihre Wirksamkeit einfach zu vollziehen. Nicht alles muss rational verstanden werden – und viele der oft sehr archetypischen Zeichen finden von ganz alleine ihren Weg ins Herz der Menschen. Weniger ist hier oft mehr.

Getauft wird meist ein Säugling oder Kleinkind. Angesprochen aber werden Erwachsene. Taufe ist die wunderbare Gelegenheit, junge Familien, Fernstehende, Zweifelnde, Christen anderer Konfessionen, Nichtglaubende und Mitglieder der Gemeinde zusammenzubringen. Symbole und Worte thematisieren Religion, Glaube und Kirche: In dieser Stunde kann die Frohe Botschaft Jesu Christi die Menschen berühren.

Dieses Buch versteht sich als eine Ergänzung zum offiziellen Rituale bzw. zur Agende der Kirche. Die hier zusammengetragenen Texte – Weisheitssprüche, Geschichten, Gebete, Gedichte, Formulierungsvorschläge – sollen als Anregung für alle dienen, die einen Taufgottesdienst vorbereiten, Liturgen wie Familien. Die Texte bedürfen oft der Anpassung an die konkrete Situation, können also erweitert oder gekürzt werden. Manchmal ist es vielleicht sinnvoll, einen Text frei nachzuerzählen. Oder ein einzelner Vers dient als Idee für eine Ansprache. Thematisiert werden u. a. die Frage nach Gott, aber auch die Freude über die Geburt, die Heiligen als Namenspatrone, Elternschaft und Erziehung, die Kirche als Gemeinschaft der Glaubenden und die Symbole Wasser und Licht.

Die Taufe ist ein großes Geschenk – wir können sie auch eine Gnade nennen, doch das Wort „Gnade" klingt in vielen Ohren wie ein juristischer Ausdruck. Was Gott dem Menschen in der Taufe schenkt, ist nicht ganz leicht mit Worten und Zeichen auszudrücken, denn sie können nur unzureichend abbilden, worum es geht. Aber das ist unsere Aufgabe – so gut, wie wir es eben vermögen – weiterzusagen: Gott liebt dich, den Menschen! Die Taufe ist dafür ein spür- und sichtbares Zeichen. Sie ist aber kein Zauber. Deswegen müssen alle Christen in der Kirche dazu beitragen, dass sich das, was die Taufe bewirkt, auch entfalten kann.

Dass dieses Buch dazu eine kleine Hilfe sein kann, das wünsche ich allen Leserinnen und Lesern. Für Anregungen und tatkräftige Unterstützung bei der Erarbeitung des Manuskriptes danke ich Silvia Möller. Widmen möchte ich das Werk meinen Mitbrüdern im Erzbischöflichen Diakoneninstitut zu Köln.

An Ostern 2010, Georg Schwikart

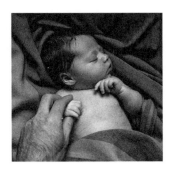

1. Du bist uns willkommen!
Hineingeboren in die Welt

Die Geburt eines jeden Kindes ist wie die erste,
aufgeschlagene Seite eines neuen Buches, das uns zum
Lesen einlädt.
David Labusch

Kinder erfrischen das Leben und erfreuen das Herz.
Friedrich Schleiermacher

Die Freude und das Lächeln der Kinder sind der
Sommer des Lebens.
Jean Paul

Viel Gewaltiges lebt, und nichts,
was gewaltiger ist als der Mensch.
Sophokles

Vergessen Sie nie: das Leben ist eine Herrlichkeit!
Rainer Maria Rilke

Wie schön, dass es dich gibt

Wir begrüßen dich auf deinem Heimatplaneten,
sagen: „Willkommen im Club der Erdenbürger!"
Du hast uns gerade noch gefehlt auf dieser Welt.

Die Welt, in der du lebst, ist groß und schön,
kompliziert und gefährlich, bunt und nie fertig.

Wie unsere Welt ist, hängt auch von dir ab.
Jeder kann mithelfen,
das Leben friedlicher, gerechter
und lustiger zu machen.
Entdecke das Leben, geh mutig voran,
wir begleiten dich auf dem Weg
hinein in deine Tage, in Raum und Zeit.
Wir haben dich erwartet,
wir haben dich ersehnt,
endlich bist du da.
Nicht satt sehen können wir uns an dir,
was wir auch sagen und tun
drückt nur das eine aus:

Wie schön, dass es dich gibt!

Georg Schwikart

Jedes Kind, jeder Mensch ist ein eigenes Land.

Sprichwort aus Tansania

Nichts Schönres unter der Sonne, als unter der Sonne zu sein.

Ingeborg Bachmann

Glückselige Zeiten

Eh' man auf diese Welt gekommen
und noch so still vorlieb genommen,
da hat man noch bei nichts was bei;
man schwebt herum, ist schuldenfrei,
hat keine Uhr und keine Eile
und äußerst selten Langeweile.
Allein man nimmt sich nicht in Acht,
und schlupp! ist man zur Welt gebracht.
Wilhelm Busch

Die Geburt eines Kindes ist
wie der Beginn der Blütezeit einer Blume
etwas Einzigartiges beginnt zu leben
und mit Freude und ein wenig Wehmut
ist zu sehen
wie das, was da beginnt
jeden Tag in sich aufnimmt
als wäre es der erste
und gleichsam
der letzte
Margot Bickel

Für Samay

Wir kommen weit her
liebes Kind
und müssen weit gehen
keine Angst
alle sind bei dir
die vor dir waren
Deine Mutter, dein Vater
und alle, die vor ihnen waren
Weit weit zurück
alle sind bei dir
keine Angst
wir kommen weit her
und müssen weit gehen
liebes Kind

Dein Großvater
Heinrich Böll

Mit einer Kindheit voll Liebe kann man ein ganzes Leben lang aushalten.
Jean Paul

Gut, dass du da bist

Am Tag
deiner Geburt
hat sich
etwas verändert
in dieser Welt.

Mit dir
wurde die Welt
wertvoller,
das Leben
lebenswerter.

Georg Schwikart

Ein Baby macht
die Liebe stärker,
die Tage kürzer,
die Nächte länger,
die Brieftasche dünner,
das Heim glücklicher,
die Kleider schäbiger.
Es lässt die Vergangenheit vergessen
und macht die Zukunft lebenswert.

Franz J. Hendricks

Willkommen!

Willkommen, kleines Menschenkind, in unserer Welt, die so viel bunter und glücklicher ist, seit wir dich bei uns haben!
Die Welt wird spannend mit dir. Wir Erwachsenen, die wir glauben, schon viel gesehen, gelernt und verstanden zu haben, werden jetzt lernen, die Welt mit deinen Augen zu sehen. Du wirst uns auf Dinge aufmerksam machen, die wir vergessen haben und die wir vielleicht erst wieder bemerken, wenn du mit deinem Finger darauf zeigst. Plötzlich sehen wir wieder den Schmetterling über die Wiese flattern, weil du ihn entdeckt hast. Wir lachen über die Seifenblase, weil du dich freust, wenn du sie gefangen hast. Die Späße eines Clowns und der Duft eines Zirkuszeltes machen uns wieder glücklich, weil dein Lachen uns ansteckt. Du wirst uns Fragen stellen, auf die wir keine Antwort wissen, weil wir nie darüber nachgedacht haben.
Haben Tausendfüßler wirklich tausend Füße? Nimmt der Mond ab, weil er nicht genug zu essen hat? Wer ist das Kind vom Stiefmütterchen?
Wir warten, bis du deine ersten Schritte machst und sind gespannt, wohin du laufen und was du entdecken wirst. Wasserpfützen, die viel tiefer sind als deine Gummistiefel? Mamas Stereoanlage, die so viele tolle Knöpfe hat? Omas Strickerei, deren Wollfaden so lang ist, dass du ihn durch die ganze Wohnung mitnehmen kannst?

Welche Worte wirst du wohl als erstes sprechen, welche als erstes lesen, welche schreiben? Wofür wirst du dich interessieren, welche Hobbys beginnen, welches Instrument lernen? Wirst du lieber tanzen, malen oder Fußball spielen?
Was wird dich beeindrucken? Der Eiffelturm? Zu sehen, wie ein Küken aus seinem Ei schlüpft? Zwei Freunde, die einander umarmen? Welche Aufgaben hält dein Leben wohl für dich bereit? Welche Entdeckungen? Welche Fortschritte?
Dein Leben liegt bunt und glücklich vor dir. Wir, die wir dich heute willkommen heißen, werden versuchen, dir treue Begleiter, Vertraute und Freunde auf deinem Weg zu sein. Nimm unsere Hand, wenn du sie brauchst. Wir sind schon gespannt, dich lernen und wachsen zu sehen und wir freuen uns darauf, wie du die Welt zu einem fröhlicheren Ort machen wirst – einfach, weil du da bist. Willkommen, kleines Menschenkind!

Ariela Sager

Schon den Weg zum Kindergarten habe ich mit meinen Kleinen immer wieder auf unterschiedlichen Strecken zurückgelegt. Sie sollten früh lernen: es gibt mehrere Wege, die zum gleichen Ziel führen. Wenn die eine Straße mal gesperrt sein sollte, kann man eine andere nehmen.

Was sie da gelernt haben, werden sie hoffentlich später mal auf andere Wegstrecken in ihrem Leben übertragen können.
Georg Schwikart

Mein Reisgefährt, willkommen!

Als deine Mutter dich gebar,
Gelauert hab ich an der Tür
Auf dein Geschrei, und für und für
Gebetet und gelesen.

Und kam's Geschrei – nun marsch hinein
„Du kleines liebes Kindelein,
Mein Reisgefährt, willkommen!"
Und habe dich denn weich und warm
Zum erstenmal in meinen Arm
Mit Leib und Seel genommen.

Wie bist Du lieber Reisgefährt
In deinen Windeln mir so wert!
O werde nicht geringer!
Du Mutter, lehr das Kindlein wohl!
Und wenn ich wiederkommen soll,
So pfeif nur auf dem Finger.
Matthias Claudius

Ein Kind ist ein Buch, aus dem wir lesen und in das wir schreiben können.
Peter Rosegger

Jedes Kind hat das Recht

auf
Gleichbehandlung
Gesundheit
Bildung
Spiel und Freizeit
freie Meinungsäußerung, Information und Gehör
gewaltfreie Erziehung
Schutz vor wirtschaftlicher und sexueller Ausbeutung
Schutz im Krieg und auf der Flucht
elterliche Fürsorge
Betreuung bei Behinderung

Aus der UN-Kinderrechtskonvention. 190 Länder haben sich zur Einhaltung dieser Rechte verpflichtet. Allerdings: Für 7 von 10 Kindern auf der Welt sind diese Rechte noch heute keine Realität ...

Ein Kind ist kein Gefäß, das gefüllt,
sondern ein Feuer, das entzündet werden will.
François Rabelais

Rosa glänzen Babys Bäckchen.
Still auf dem gestickten Deckchen
schläft das Menschenkind.

Alles kann aus ihm noch werden,
alle Wege hier auf Erden
ihm noch offen sind.

Wird's Bettler oder Präsident,
gar Popstar, den ein jeder kennt,
ein Hausmann, der gern kocht und spült?

Ob es arm wird oder reich,
das ist eigentlich ganz gleich,
wenn es sich nie alleine fühlt.

Georg Schwikart

Verstehen kann man das Leben nur rückwärts, aber leben muss man es vorwärts.

Sören Kierkegaard

Was läuft im Fernsehen? Welche Pizza willst du? Wann ist Urlaub? Wie viel kostet das? – Wie lautet die Frage der Fragen?

Georg Schwikart

Geh deinen Weg
wie ich den meinen suche
zu dem Ziel
Mensch zu werden
unterwegs
begegnen wir
der Wahrheit
der Freiheit
und uns selbst
unterwegs
wächst und reift
eine Gemeinschaft
die uns befähigt
anderen
Rastplatz zu sein
und Wegweiser

du und ich
gehen den Weg
Margot Bickel

Ein Feld, vom Schnee bedeckt. Wie schön ist es, so unberührt, so zart. Und welchen Spaß macht es, den ersten Schritt darauf zu tun, Spuren zu hinterlassen. Ja, das ist unser Wunsch an dieses Leben: Spuren zu hinterlassen.
Georg Schwikart

Fünf Finger an der Hand,

eine Nase im Gesicht,
Augen wie ein Diamant,
selbst Fingernägel fehlen nicht.

Zwei Nieren und zehn Zehen,
ein Darm in deinem Bauch,
zwei Beine noch zum Gehen,
Ohrläppchen hast du auch.

Arme, damit kannst du werfen,
Zähne viel im Mund,
Magen, Blutkreislauf und Nerven:
Hurra, du bist gesund!

Georg Schwikart

Lange hatte es für mich so ausgesehen, als ob mein Leben gleich anfangen würde – mein wirkliches Leben. Aber immer war noch irgendetwas im Wege: Etwas, was ich erst noch kriegen müsste, eine Sache, die erst zu Ende gehen müsste, Zeit, die erst noch vergehen müsste, eine Schuld, die erst noch abgetragen werden müsste. Aber dann würde mein Leben beginnen. Schließlich dämmerte mir, dass diese Hindernisse mein wirkliches Leben waren.

Thomas Merton

Eine Frage der Perspektive

Der arme Hassan, ein Kameltreiber, muss mit seiner Frau und seinen sieben Kindern in einer winzigen Hütte hausen. Die Enge wird unerträglich, und Hassan wendet sich verzweifelt an den Weisen Ibrahim. Er trägt dem Erhabenen seine Not vor. Ibrahim erkundigt sich, ob Hassan Geschwister habe. Ja, habe er, doch die seien selbst Eltern und hätten keinen Platz. Ibrahim rät Hassan, noch vier Nichten und Neffen in seinen Haushalt zu nehmen und nach einer Woche wieder zu kommen. „Gehenna", klagt Hassan am Ende der Woche, „die Hölle dünkt mich ein Paradies: die Enge bringt uns um." Ob Hassan Hühner oder Gänse besäße, fragt der Weise Ibrahim. Hassan nickt. Ibrahim befiehlt, sie mit in die Hütte zu nehmen und nach einer Woche wieder zu kommen. Hassan findet in dieser Woche keinen Schlaf. Was aber begehrt der Weise Ibrahim zu wissen: Ob nicht eines der Kamele ein Junges geworfen habe. Hassan erbleicht. Er solle es mit ins Haus nehmen und nach einer Woche wieder kommen. Am Ende jener Woche kann Hassan nicht mehr sprechen, nur noch schluchzen. Aber der Weise Ibrahim tröstet ihn: „Du hast die Prüfungen bestanden. Nun schicke die Nichten und Neffen heim und treibe die Tiere zurück in den Stall. Komm morgen zurück." Am folgenden Tag küsst Hassan dem Weisen die Füße. Groß wie ein Palast sei seine Hütte geworden, er überlege mit seiner Frau, ob nicht Platz für ein achtes Kind sei.

Aus dem Islam

Lob der Zartheit

Der Mensch ist weich und zart,
wenn er geboren wird;
wenn er gestorben ist,
ist er steif und starr.

Gräser und Bäume sind biegsam und zart,
wenn sie das Licht der Welt erblicken;
wenn sie tot sind,
sind sie dürr und trocken.
Darum ist das Harte und Starre
dem Tode nahe,
das Zarte und Nachgiebige
ist dem Leben nahe.

Darum wird eine starke Armee
keine Schlacht gewinnen;
ein starker Baum wird gefällt werden.

Das Starke und Harte wird unterliegen,
das Weiche und Zarte wird siegen.

Laotse

Morgenröte

Auch die dunkelste Nacht hat ein Ende. Zartes Rosa am Himmel kündet von dem, was da anbricht. Im Osten geht die Sonne auf, im Orient: Licht macht Orientierung möglich. Mond und Sterne verblassen, und die Erde bekommt ihre Farbe zurück.

Die Dämmerung vertreibt die Dämonen der Finsternis. Schlaftrunken blinzle ich in die matte Helligkeit. Der Tag begrüßt mich lächelnd, auch wenn ich seine Freundlichkeit noch nicht erwidern kann. Einen Moment halte ich inne, dankbar für den Augenblick: Ich lebe.

Die Zeit der Erwartung – der Morgen. Immer wieder ein Anfang, die Chance zur Veränderung, Gelegenheiten zum Glück. „Komm mit", ruft der Morgen und entschwindet schon wieder im Lärm der Welt da draußen. Ich traue und folge ihm. Gehe meinen Weg. Optimistisch, wie damals als Kind, am Morgen meines Lebens, gestärkt vom Bewusstsein, ein bergendes Zuhause zu haben.

Neugierig starte ich. Immer wieder.
Georg Schwikart

Man braucht sehr lange, um jung zu werden.
Pablo Picasso

Liebe Kinder! Lasst euch die Kindheit nicht austreiben!
Schaut, die meisten Menschen legen ihre Kindheit ab wie einen alten Hut. Sie vergessen sie wie eine Telefonnummer, die nicht mehr gilt. Ihr Leben kommt ihnen vor wie eine Dauerwurst, die sie allmählich aufessen, und was gegessen worden ist, existiert nicht mehr. Man nötigt euch in der Schule eifrig von der Unter- über die Mittel- zur Oberstufe. Wenn ihr schließlich droben steht und balanciert, sägt man die „überflüssig" gewordenen Stufen hinter euch ab, und nun könnt ihr nicht mehr zurück! Aber müsste man nicht in seinem Leben wie in einem Hause treppauf, treppab gehen können? Was soll die schönste erste Etage ohne den Keller mit den duftenden Obstborden und ohne Erdgeschoss mit der knarrenden Haustür und der scheppernden Klingel? Nun – die meisten leben so! Sie stehen auf der obersten Stufe, ohne Treppe und ohne Haus, und machen sich wichtig. Früher waren sie Kinder, dann wurden sie Erwachsene, aber was sind sie nun? Nur wer erwachsen wird und Kind bleibt, ist ein Mensch!
Erich Kästner

Alter ist etwas, das keine Rolle spielt, es sei denn, man ist ein Käse.
Bill Burke

Theater des Lebens

Vor Jahren saß ich in Polen im Theater. Ich verstand kein einziges Wort, denn ich beherrsche leider die polnische Sprache nicht. Es wurde kein bekanntes Stück gegeben, bei dem ich der Handlung auch ohne Sprachkenntnisse hätte folgen können.
Dennoch war es ein beeindruckendes Erlebnis für mich. Ich beobachtete die Schauspielerinnen und Schauspieler genau, ihre Gestik, ihre Mimik, die Blicke, den Tonfall, die Lautstärke ihrer Stimme. Wen auch immer sie darstellen mochten, sie schienen ganz eins mit ihrer Rolle zu sein. Aus der großen Handlung wurde ich bis zuletzt nicht schlau. Aber kleine Situationen berührten mich umso mehr: wie die Frau ihren Tee trank oder aus dem Fenster schaute, wie sich das Paar einen Kuss gab und der Mann am Ende das Zimmer verließ.
Und als sich schließlich der Vorhang vor die Bühne schob, wurde mir klar, dass ich ein Sinnbild für mein Leben gesehen hatte: Ich verstehe nie das ganze Stück, nur Bruchstücke. Die müssen genügen.
Georg Schwikart

Du musst das Leben nicht verstehen

Du musst das Leben nicht verstehen,
dann wird es werden wie ein Fest.
Und lass dir jeden Tag geschehen,
so wie ein Kind im Weitergehen
von jedem Wehen
sich viele Blüten schenken lässt.

Sie aufzusammeln und zu sparen,
das kommt dem Kind nicht in den Sinn.

Es löst sie leise aus den Haaren,
drin sie so gern gefangen waren,
und hält den lieben jungen Jahren
nach neuen seine Hände hin.

Rainer Maria Rilke

2. Du bist ein Bote des Glücks
Geschenktes Wunder des Lebens

Kinder sind Boten des Glücks.
Aus China

Jedes Kind bringt die Botschaft mit sich, dass Gott die Menschheit noch nicht aufgegeben hat.
Rabindranath Tagore

Ich liebe die Kinder, sagt Gott, weil mein Bild in ihnen noch nicht getrübt ist.
Michel Quoist

Kinder sind eine Gabe Gottes; dass sie zur Welt kommen, ist ein Geschenk.
Nach Psalm 127,3

Drei Dinge sind uns aus dem Paradies geblieben: die Sterne der Nacht, die Blumen des Tages und die Augen der Kinder.
Dante Alighieri

Das Sakrament der Geburt

Da war eine Schwangerschaft mit Sodbrennen und Ziehen im Rücken. Da war die Angst einer Erstgebärenden vor dem Unbekannten, das über sie hereinbrechen würde. Da waren Wehen und Schmerzen, Blut und Tränen, Anstrengung und Erschöpfung. Und endlich war da die Freude über eine glückliche Geburt. Der Herr der Welt hätte auch anders in unser Dasein treten können, aber er zog es vor, durch Maria – einer Frau aus dem Volke – geboren zu werden. Dass Gott diesen Weg wählte, macht die Geburt eines Menschen zu einem Sakrament, zu einem Zeichen seiner Liebe.

Georg Schwikart

Gott, wir staunen, wie sich im kleinen Kind deine Schöpfung zeigt: wie es langsam wächst, schauen, hören, gehen lernt. Da wird etwas von deiner Kraft sichtbar. Wir freuen uns, dass es das Geschenk des kleinen Kindes immer wieder gibt. Mit der Taufe sagen wir: Alles ist Gnade, alles ist Geschenk, dieses Kind und unsere Freude. Als Jesus getauft wurde, da heißt es, ging der Himmel auf, und eine Stimme war zu hören: Dies ist mein lieber Sohn. Das wünschen wir bei der Taufe den Kindern: einen offenen Himmel und einen Gott, der sagt: Für diese Kinder bin ich da.

Josef Osterwalder

Das Wunder ist da

Ein neugeborenes Kind ist ein Wunder.
Man kommt aus dem Staunen nicht heraus.
Alles so winzig und doch vollkommen da:
die Händchen, das Näschen, die Öhrlein.
Es ist das Wunder des Lebendigen.
Schöpfungsmorgen, die Welt fängt neu an.
Das kleine Wesen ist ein Wunder,
gewoben aus tausend feinen Fäden
zwischen Himmel und Erde,
in ihnen kommt Gottes Liebe zu uns.

Wer sich über ein Kind freut,
freut sich über das Leben.
Das Licht in den Augen eines Kindes
öffnet Horizonte der Freude.
Das Geheimnis der ganzen Welt
kann darin aufleuchten.
Schauen wir in die Augen eines Kindes,
kann uns eine Ahnung ergreifen:
Gott schaut uns an.

Phil Bosmans

Ich nahm den Augenblick nicht wahr,
Da ich zum ersten Mal die Schwelle
Dieses Lebens überschritt.

Ach, welche Macht hat mich geöffnet
In diese Weite voll Geheimnis,
Wie eine Knospe sich erschließt
Im Wald um Mitternacht!

Als ich am ersten Morgen aufsah
In das Licht, erkannt' ich plötzlich,
Dass ich auf dieser Welt kein Fremdling war.
Das Unerforschliche, das weder Form
Noch Namen hat, nahm mich in seine Arme –
In meiner lieben Mutter Arme.

Rabindranath Tagore

Gott,
du hast nicht daran festgehalten,
Gott zu sein,
Du wurdest das,
was auch wir
werden sollen:
ein Mensch.

Georg Schwikart

An mein Kind

Dir will ich meines Liebsten Augen geben
und seiner Seele flammenreines Glühn.
Ein Träumer wirst du sein und dennoch kühn,
verschlossne Tore aus den Angeln heben.

Wirst ausziehen, das gelobte Glück zu schmieden.
Dein Weg sei frei: Denn aller Weisheit Schluss
bleibt doch zuletzt, dass jedermann hinieden
all seine Fehler selbst begehen muss.

Ich kann vor keinem Abgrund dich bewahren,
hoch in die Wolken hängte Gott den Kranz.
Nur eines nimm von dem, was ich erfahren:
Wer du seist, nur eines – sei es ganz!

Mascha Kaléko

Du göttliches Leben, erfüll uns mit Leidenschaft
für das Leben, das Du uns schenkst
für das Leben dieses Kindes und aller Kinder
für unser eigenes Leben

Du göttliche Liebe, lass uns Dich erkennen
als Quelle des Menschseins
als Kraft, die uns vorantreibt.

Anton Rotzetter

Ich bin Ich und Du bist Du

Ich bin Ich und Du bist Du
das bleibt so jetzt und immerzu.

Zuerst hat Mutter mich geseh'n
und fand mich sofort wunderschön.
Auch Vater fand mich gleich ganz toll –
selbst als ich macht' die Windel voll.
Oma, Opa, Onkel, Tante,
nah und ferne Anverwandte
jubelten und freuten sich
über mich, das Ich-bin-Ich.

Vor Mutter aber, Vater, Tanten,
nah und fernen Anverwandten
hat Gott mich lange schon geseh'n
und fand mich wunder- wunderschön.

Er sagte zu mir: Du bist Du!
Versuch's zu bleiben immerzu.
Will etwas daran hindern Dich -
schau stolz Dich an, sag: Ich bin Ich.
Gott war es, der mich so gemacht.
Er hat sich was dabei gedacht.
Er will, dass es mich ewig gibt,
liebt mich und hat mich schon geliebt,
als diese Welt noch öd' und leer
und gibt mich niemals wieder her.

Drum bin ich gut und froh mit mir.
Freu mich mit dir auf unser Wir.
Als Gottes Kinder sind wir was.
Da macht das Leben richtig Spaß.
Gott schaut uns sicher ganz stolz zu -
mir Ich-bin-Ich, dir Du-bist-Du.
Christel Kehl-Kochanek

Jeder Tag ist neu

Gott, unser Vater, jeder Tag ist neu. Und jeder Augenblick ist wie ein großes Wunder. Behüte und beschütze unser Kind. Du hast es unserer Liebe anvertraut und es in unsere Arme gelegt. Unser Kind setzt seine ganze Hoffnung auf uns. Schenke uns Zeit, damit wir immer für unser Kind da sind. Schenke uns Worte, damit wir ihm die Geheimnisse des Lebens erzählen. Schenke uns Glauben, damit wir deine Botschaft wie einen allerbesten Samen sanft in seine kleine Seele pflanzen. Schenke uns die Weisheit deines Geistes, damit wir unser Kind begleiten. Schenke uns Antworten, wenn kleine und große Fragen Sorgen bereiten. Schenke uns eine tiefe Achtung vor dem Gedanken, den unser Kind mit dir in diese Welt getragen hat.
Detlef Kuhn und Jürgen Kuhn

Gib mir die Freude

Ich wünsche mir heute einen neuen Himmel
und eine neue Erde.
Ich wünsche mir das Staunen des Kindes,
dessen Blick sich der Welt zum ersten Mal öffnet.
Ich wünsche mir die Freude des Kindes,
das in jedem Ding deinen Glanz entdeckt,
einen Abglanz deiner Herrlichkeit in allem,
was ihm entgegentritt.
Ich wünsche mir die Freude dessen,
der seine ersten Schritte macht.
Ich wünsche mir das Glück dessen,
für den das Leben täglich neu,
unschuldig und voller Erwartung ist.
Ich wünsche mir, dass ich alle Dinge neu sehe,
Bäume und Felder,
Wohnstätten und Arbeitsplätze, Tiere und Menschen.
Ich wünsche mir, ein dankbarer Menschen zu werden –
mit den Augen eines Kindes.

Aus Frankreich

Kaufen kann man die halbe Welt,
viele Dinge gibt es für Geld,
doch einen Freund zum Spielen und Raufen,
der ist für eine Million nicht zu kaufen.
Das Leben, die Sonne, das Lachen –
da ist kein Geschäft mit zu machen.
Dass ein Mensch
sich von Gott gehalten weiß,
darauf steht kein Einkaufspreis.
Entscheidend ist, dass man bedenkt:
Was wichtig ist, kriegt man geschenkt.

Georg Schwikart

Nehmt das Geschenk des neuen Lebens
dankbar aus Gottes Hand.
Dieses Kind ist euch anvertraut.
Gott gebe euch Liebe, Verständnis und Weisheit,
um dem Kind gute Begleiter zu sein
und es auf die Möglichkeiten und Gefahren
dieses Lebens vorzubereiten.

Gott schenke dem Kind,
dass es gute Wege geht, die zum Leben führen,
und dass es wieder aufsteht,
wenn es unterwegs einmal fällt.

Rainer Haak

Es waren zwei Mönche, die lasen miteinander in einem alten Buch, am Ende der Welt gebe es einen Ort, an dem der Himmel und die Erde sich berühren. Sie beschlossen, ihn zu suchen und nicht zurückzukehren, ehe sie ihn gefunden hätten.
Sie durchwanderten die Welt, bestanden unzählige Gefahren, erlitten alle Entbehrungen, die eine Wanderung durch die ganze Welt fordert, und widerstanden allen Versuchungen, die einen Menschen vom Ziel abbringen können. Eine Tür sei dort, so hatten sie gelesen, man brauche nur anzuklopfen und befinde sich bei Gott.
Schließlich fanden sie, was sie suchten. Sie klopften an die Tür, bebenden Herzens sahen sie, wie sie sich öffnete, und als sie eintraten, standen sie zu Hause in ihrer Klosterzelle.
Da begriffen sie: Der Ort, an dem Himmel und Erde sich berühren, befindet sich auf dieser Erde, an der Stelle, die Gott uns zugewiesen hat.

Alte Legende

Ich danke Gott aus tiefstem Herzensgrund für das Glück und das Elend, gelebt zu haben, doch es schwindelt meinem kleinen Verstand, wenn ich darüber nachzusinnen beginne, was das Geschenk des Lebens in sich birgt.

Walter de la Mare

Die Kraft wächst mit dem Weg

wenn du
Gott vertraust
seiner Zusage
glaubst
den nächsten Schritt wagst

ohne zu ahnen
wohin der Weg führt
ohne zu wissen
wie das Ziel heißt
nur von Hoffnung
und Sehnsucht getrieben

dann wirst du
achtsam bleiben
wach mit allen Sinnen
suchen und sein
und dankbar für Zeichen und Worte
und staunen darüber

wie sich
Schritt für Schritt
ein Weg ergibt
sich das Ahnen verdichtet
der Boden trägt
und zum Quellgrund wird

Andrea Schwarz

Sei du selbst

Du bist so gewollt
du im Original
von Gott
reich beschenkt
mit deinen Fähigkeiten
mit deinem Aussehen.

Sei du selbst
finde deinen eigenen Weg
passe dich nicht
irgendwie an
weil es bequemer scheint.

Sei du selbst
sage nichts
glaube nichts
tu nichts
nur um anderen zu gefallen
wenn es deinem Gewissen widerstrebt.

Sei du selbst
und du hast den ersten Schritt
in ein erfülltes Leben getan.
Georg Schwikart

3. Du bist einzigartig
Der Name und seine Patrone

Nun schreib ins Buch des Lebens,
Herr, ihre Namen ein,
und lass sie nicht vergebens
dir zugeführt sein.

Melchior Vulpius

Namen,
so sagen die einen,
sind Schall und Rauch,
zu oft trügen Menschen
den gleichen Namen,
andere entschuldigen sich
mit ihrem schlechten Namensgedächtnis,
der Schwierigkeit von Doppelnamen,
sie könnten die Namen einfach nicht zuordnen,
dabei sind Namen
ein Zugang zur Unverwechselbarkeit,
ihre Aussprache, ihre Betonung
macht sie einzigartig, wie denjenigen,
der erkennt und spricht:
ich habe Dich bei Deinem Namen
gerufen.

Michael Vogt

Einen Namen hat jedes Kind,
damit jeder weiß, wer wir sind.
Ohne Namen, das leuchtet uns ein,
könnten wir gar nicht Menschen sein.

Die Fülle der Namen ist ungezählt,
einer wurde für mich gewählt.
Er begleitet mich – und egal wie ich heiß:
Es ist gut, dass Gott meinen Namen weiß.

Georg Schwikart

Herr,
unsere Erde ist nur ein kleines Gestirn
im großen Weltall.
An uns liegt es, daraus einen Planeten zu machen,
dessen Geschöpfe nicht von Kriegen gepeinigt werden,
nicht von Hunger und Furcht gequält,
nicht zerrissen in sinnlose Trennung nach Rasse,
Hautfarbe oder Weltanschauung.
Gib uns Mut und die Voraussicht,
schon heute mit diesem Werk zu beginnen,
damit unsere Kinder und Kindeskinder einst
mit Stolz den Namen Menschen tragen.

Gebet der Vereinten Nationen

Ihr habt das Kind *N.* genannt.
Möge dieser Name
für immer geschrieben stehen
im Buch des Lebens
in der Handfläche Gottes und
in unserem Herzen.
Anton Rotzetter

Nicht allein in deinem Namen
Und auf deine Rechnung
Sollst du
Wirst du
Musst du leben

Du kannst nicht alle Spesen
Selber zahlen

Sondern in Gottes Namen
Sei der deine eingetaucht:
Geborgen
Gehalten
Getragen
In sein Verzeihen
In seine Güte
In seine Freundschaft.
Markus Tomberg

Vom Namen und den Namenspatronen

Ein Mensch ist kein Massenprodukt, sondern ein unverwechselbares Individuum; keine zwei Menschen haben die gleichen Fingerabdrücke. Ausdruck der Würde des Menschen ist sein Name.
Den Nachnamen erbt er von seiner Familie, den Vornamen wählen ihm die Eltern aus. Vielleicht geben sie dem Kind mehrere Vornamen und knüpfen damit an altes Brauchtum an; die Vornamen der Großeltern oder Taufpaten zeigen beispielsweise, dass man nicht geschichtslos lebt, sondern in eine Generationenfolge eingebunden ist.
Der Rufname jedoch ist von großer Bedeutung. Er kennzeichnet einen Menschen, wird eins mit ihm. Deswegen verwenden die Eltern Mühe auf eine geeignete Wahl. Bei der Suche sollte man sich nicht von Modetrends leiten lassen, denn diese wechseln rasch, neue Namen sind „out", und alte Namen kommen zu neuen Ehren. Ein Name muss zum ganzen Menschen passen, nicht nur zum süßen Baby. Und traditionell macht der Vorname das Geschlecht seines Trägers deutlich. Doch nicht allein der sprachliche Wohlklang eines Namens ist ausschlaggebend.
Christen entscheiden sich gern für den Namen eines heiligen Namenspatrons – selbstverständlich sind auch dessen Abwandlungen, landschaftliche oder fremdsprachliche Formen möglich. Es ist interessant (und

für die Namenswahl vielleicht hilfreich) zu erfahren, wer dieser Namenspatron war. Neben dem gesicherten historischen Wissen gibt es oft ausschmückende Legenden, die die Wertschätzung des Patrons verdeutlichen wollen. Schließlich mag auch eine Rolle spielen, welche berühmten Träger diesen Vornamen sympathisch machen, etwa Künstler, Musiker oder Wissenschaftler.
Die meisten Namen haben eine ursprüngliche Bedeutung. Sie kann dem Kind eine Botschaft mitgeben. Der Namenstag – in der Regel der Todestag des Patrons – wird für das getaufte Kind ein jährlicher Anlass zu Erinnerung an seine Taufe und die damit verbundene Würde, einen Namen zu tragen, mit dem Gott es ruft.
Georg Schwikart

Heilige sind Menschen, durch die es anderen leichter wird, an Gott zu glauben.
Nathan Söderblom

Du bist ein Gedanke Gottes, du bist ein Herzschlag Gottes. Das zu sagen bedeutet, dass du in gewissem Sinne einen unendlichen Wert hast und dass du für Gott in deiner unwiederholbaren Individualität so viel bedeutest.
Johannes Paul II.

6.000.000.000

Sechs Milliarden:
So viele sind gezählt
an Menschen auf der Welt.

Sechs Milliarden:
Das sind soviel Gesichter
wie am Himmel Lichter.

Sechs Milliarden:
Die Erde ist an Menschen reich,
und doch sind keine zwei ganz gleich.

Sechs Milliarden:
Unglaublich viel Geschichten
könnte man berichten.

Sechs Milliarden:
Kein Mensch muss alle kennen.
Doch Gott kann sie
beim Namen nennen.

Georg Schwikart

Beim Namen gerufen

Wir alle sind von Gott gerufen.
Ich habe euch bei eurem Namen gerufen, sagt Jesus.
Ihr gehört mir.
Nichts Böses wird euch widerfahren.
Das Feuer wird euch nicht verderben.
In meinen Augen seid ihr wertvoll. Ich liebe euch.

Gott hat uns gesandt,
Zärtlichkeit und Liebe für die Seinen zu sein.
Wenn wir Christus lieben, wird es uns leicht fallen,
ihm ganz zu gehören und ihn jedem Menschen,
dem wir begegnen, zu geben.
Mutter Teresa

Ich bin berufen,
etwas zu tun oder zu sein,
wofür kein anderer berufen ist.
Ich habe einen Platz in Gottes Plan,
auf Gottes Erde,
den kein anderer hat.
Ob ich reich bin oder arm,
verachtet oder geehrt bei den Menschen,
Gott kennt mich
und er ruft mich mit meinem Namen.
John Henry Newman

Die Heiligen sind ebenfalls Menschen
und keine Wundertiere;
sie wachsen gerade, nicht krumm wie die Gurken,
kommen zur Welt zur rechten Zeit,
nicht zu früh und nicht zu spät.
Heilige sind sie,
weil sie sich nicht wie Heilige gebärden,
und sie treten von einem Fuß auf den anderen,
wenn sie frieren an den Haltestellen.
Manchmal schlafen sie nur mit einem Auge,
sie glauben an eine Liebe, die größer ist als die Gebote,
glauben, dass es Leiden gibt, aber kein Unglück;
sie wollen lieber vor Gott knien,
als sich vor den Menschen in den Staub werfen;
sie sind so gegenwärtig, dass man sie nicht bemerkt;
fürchten die neuen Zeiten nicht,
die alles auf den Kopf stellen,
sie wollen nicht so süß gequält sein,
wie sie auf den Heiligenbildchen aussehen,
manchmal können sie nicht mehr beten,
beten aber immer.
Sie haben sympathische Fehler
und unsympathische Tugenden,
sie haben nichts und verschenken darum alles,
sie sind so schwach, dass sie Berge versetzen.
Jan Twardowski

Am Hofe gab es starke Leute und gescheite Leute,
der König war ein König, die Frauen waren schön und die Männer mutig,
der Pfarrer war fromm und die Küchenmagd fleißig –
nur Colombin, Colombin war nichts.
Wenn jemand sagte: „Komm Colombin, kämpf mit mir",
sagte Colombin: „Ich bin schwächer als du."
Wenn jemand sagte: „Wie viel gibt zwei mal sieben?",
sagte Colombin: „Ich bin dümmer als du."
Wenn jemand sagte: „Getraust du dich, über den Bach zu springen?"
sagte Colombin: „Nein, ich getrau mich nicht."
Und wenn der König fragte: „Colombin, was willst du werden?"
antwortete Colombin: „Ich will nichts werden, ich bin schon etwas, ich bin Colombin."

Peter Bichsel

Heiligkeit ist kein Privileg

Glaubt nicht, dass Gott die Heiligen mehr geliebt hat als euch, dass er ihnen außerordentliche Gnaden gewährt hat, dass er sich willkürlich seine „Privilegierten" aussucht! Nein, Gott ist von jedem von uns begeistert. Er hat unendlich viel mit uns vor, sein Vorschlag ist für alle gleich großzügig: Bloß unsere Antwort ist verschieden. Gott hat uns alle gleich lieb, soweit wir uns lieben lassen, soweit wir uns seiner Liebe öffnen. Er bemüht sich um jeden, aber er zwingt keinen.
So richtet sich Gottes Liebe zu uns nach unserer Antwort und ist vollkommen angemessen, individuell, ohne willkürlich zu sein. Gott möchte mit jedem von uns die lebendigste und liebevollste Beziehung unterhalten. Nur durch unsere Weigerungen sind ihm Grenzen gesetzt.
Die Grenze für unsere Heiligung ist nicht Gottes Knauserigkeit, sondern unser Widerstand. Die Verkündigungsengel, die Engel von Getsemani und die Engel der Auferstehung schweben dauernd über den Söhnen und Töchtern dieser Zeit. Aber sie finden selten einen Landeplatz!
Die notwendige Voraussetzung dafür, ein Geschenk entgegenzunehmen, ist die Fähigkeit, sich zu öffnen.
Louis Evely

Bei den Heiligen der Kirche glätten die Biographen gerne die Ecken und Kanten der Persönlichkeit. Warum eigentlich? Abgehobene Weltfremde können Normalsterblichen wie unsereinem ohnehin kaum ein Beispiel sein. Wer zu heilig ist, erstickt in mir schon im Keim das Begehren, mich zu ändern – das Absolute schaffe ich ohnehin nicht und überlasse deswegen den anderen einen vorbildlichen Lebenswandel.
Aber einen Mönch, der Versuchungen erlag und doch wieder auf die Beine kam, dessen Lebensgeschichte sehe ich mir an. Eine Nonne wie Teresa von Avila, die von sich selbst sagt, sie habe lange Jahre in spiritueller Trockenheit gelebt, die tröstet mich. Oder ein anderes Beispiel: Dass Simone de Beauvoir und Jean-Paul Sartre Alkoholiker waren, schmälert nicht deren Wirken und Werk. Aber aus dieser Perspektive betrachte ich es anders. Ebenso Jean-Jacques Rousseau, der wunderbare pädagogische Ratschläge erteilte, aber seine leiblichen Kinder ins Waisenhaus steckte. Ein Heiliger würde so etwas nicht machen. Bei denen stimmen Wort und Leben überein. So einfach ist das – und so schwer ...
Georg Schwikart

Erfolg ist keiner der Namen Gottes.
Martin Buber

Vergiss es nie: Dass du lebst, war keine eigene Idee,
und dass du atmest, kein Entschluss von dir.
Vergiss es nie: Dass du lebst, war eines anderen Idee,
und dass du atmest, sein Geschenk an dich.
Vergiss es nie: Niemand denkt und fühlt und handelt
so wie du, und niemand lächelt so, wie du's grad tust.
Vergiss es nie: Niemand sieht den Himmel ganz genau
wie du, und niemand hat je, was du weißt, gewusst.
Vergiss es nie: Dein Gesicht hat niemand sonst auf
dieser Welt, und solche Augen hast alleine du. Vergiss
es nie: Du bist reich, egal ob mit, ob ohne Geld, denn
du kannst leben! Niemand lebt wie du. Du bist gewollt, kein Kind des Zufalls, keine Laune der Natur,
ganz egal, ob du dein Lebenslied in Moll singst oder
Dur. Du bist ein Gedanke Gottes –
Ein genialer noch dazu. Du bist Du.
Jürgen Werth

Manchmal nehmen wir das Wort „Gott" in den Mund,
denken aber gar nicht an ihn: Wir sagen: „Gott sei
Dank" – aber wer denkt dabei wirklich an Gott? Wir
sagen: „Ach du lieber Gott" – und sind eigentlich nur
von etwas überrascht. Gott möchte nicht, dass wir
seinen Namen missbrauchen. Wenn wir von Gott
sprechen, dann sollen wir auch ihn meinen:
Gott, dessen Name heißt: „Ich-bin-da!"
Georg Schwikart

4. Du bist nicht allein
Begleitet von Eltern und Paten

Solange die Kinder klein sind, gib ihnen Wurzeln.
Sind sie älter geworden, gib ihnen Flügel.
Sprichwort aus Indien

Wenn wir wahren Frieden in der Welt erlangen
wollen, müssen wir bei den Kindern anfangen.
Mahatma Gandhi

Kinder und Uhren dürfen nicht beständig aufgezogen
werden, man muss sie auch gehen lassen.
Jean Paul

Glück ist es, sein Kind zu lieben. Das größte Glück
jedoch ist es, von seinem Kind geliebt zu werden.
Helga Kolb

Die Fragen eines Kindes sind schwerer zu beantworten
als die Fragen eines Wissenschaftlers.
Alice Miller

Ein Kind betritt deine Wohnung und macht in den
folgenden zwanzig Jahren so viel Lärm, dass du es
kaum aushalten kannst. Dann geht das Kind weg und
lässt das Haus stumm zurück, dass du denkst, du wirst
verrückt.
John Andrew Holmes

Kinder, die man nicht liebt, werden Erwachsene, die nicht lieben.
Pearl S. Buck

Kinder müssen mit Erwachsenen sehr viel Nachsicht haben.
Antoine de Saint-Exupéry

Nicht Philosophen stellen die radikalsten Fragen, sondern Kinder.
Hellmut Walters

Es gibt die Lebensregel, dass die Kinder ihre Eltern ehren, die Eltern aber die Kinder lieben sollen. Man müsste das umgekehrt lesen: die Eltern sollten die Kinder ehren, ihre eigenartige kleine Welt und ihre stürmische, jede Minute kränkbare Natur ehren.
Die Kinder sollten ihre Eltern nur lieben; sie werden sie unbedingt lieben, wenn sie die Verehrung seitens ihrer Eltern spüren.
Vasilij Rosanov

Erziehung ist die organisierte Verteidigung der Erwachsenen gegen die Jugend.
Mark Twain

Erziehung ist, die Kinder dahin zu bringen, die Fehler der Eltern zu wiederholen.
Arno Schmidt

Ich erziehe meine Tochter antiautoritär, aber sie macht trotzdem nicht, was ich will.
Nina Hagen

Die Jugend liebt heutzutage den Luxus. Sie hat schlechte Manieren, verachtet die Autorität, hat keinen Respekt vor den älteren Leuten und schwatzt, wo sie arbeiten sollte. Die jungen Leute stehen nicht mehr auf, wenn ältere das Zimmer betreten. Sie widersprechen ihren Eltern, schwadronieren in der Gesellschaft, verschlingen bei Tisch Süßspeisen, legen die Beine übereinander und tyrannisieren ihre Lehrer.
Sokrates

Lerne von dem, der unwissend ist, ebenso wie vom Weisen.
Ptahhotep

Willst du ein Jahr wirken, so säe Korn. Willst du zehn Jahre wirken, so pflege einen Baum. Willst du hundert Jahre wirken, so erziehe einen Menschen.
Chinesisches Sprichwort

Eines Menschen Heimat ist auf keiner Landkarte
zu finden
nur in den Herzen der Menschen, die ihn lieben
Margot Bickel

Ein Zauberwort für Paare

„Kinder!" Darin liegt Lebensfreude und Zärtlichkeit, Hoffnung und Zukunft. Dass sich zunächst die positiven Bilder einstellen, hat die Natur bestens eingerichtet. Denn dächten wir zuerst an den Schmerz der Presswehen, an Geschrei, Windeln und Möhrenbrei, die Menschheit würde aussterben.
„Mit Kindern ist das Leben schlimm. Aber ohne Kinder ist es noch viel schlimmer." So lautet ein Sprichwort. Kinder fordern – in jedem Lebensalter. Wenn sie Babys sind, akzeptieren wir ihr Begehren als natürlich. Doch auch zur Vernunft gekommene Kinder leben in der Vorstellung, die Eltern seien nur dazu da, um sie zu bedienen. Zwar muss man die kleinen Menschen langsam an die Realität gewöhnen. Doch stärkt der Glaube, im Mittelpunkt der Welt zu stehen, das Urvertrauen eines Menschen. Von dieser Stärkung zehrt ein Mensch sein Leben lang.
Georg Schwikart

Kinder glauben alles. Jedes Wort ist ihnen glaubwürdig. Sie hören es, nehmen es auf und wachsen damit. Sie sind nicht erwachsen, denn sie wachsen noch. Für viele Große bedeutet Erwachsensein nicht mehr wachsen.
Josef Bill

Meine Eltern – das war Schutz, Vertrauen, Wärme. Wenn ich an meine Kindheit denke, spüre ich noch heute das Gefühl von Wärme über mir, hinter mir und um mich, dieses wunderbare Gefühl, noch nicht auf eigene Rechnung zu leben, sondern sich ganz, mit Leib und Seele, auf andere zu stützen, welche einem die Last abnehmen. Meine Eltern trugen mich auf Händen, und das ist wohl der Grund, warum ich in meiner Kindheit niemals den Boden berührte. Ich konnte weggehen, konnte zurückkommen; die Dinge hatten kein Gewicht und hafteten nicht an mir. Ich lief zwischen Gefahr und Schrecknissen hindurch, wie Licht durch einen Spiegel dringt. Das ist es, was ich als Glück meiner Kindheit bezeichne, diese magische Wirkung, die – ist sie einem erst einmal umgelegt – Schutz gewährt für das ganze Leben.
Meine Eltern – das war der Himmel. Ich sagte mir dies nicht so deutlich, und auch sie sagten es mir nicht; aber es war offenkundig. Ich wusste (und zwar recht früh, dessen bin ich sicher), dass sich in ihnen ein anderes

Wesen meiner annahm, mich ansprach. Dieses Andere nannte ich nicht Gott – über Gott haben meine Eltern mit mir erst später gesprochen. Ich gab ihm überhaupt keinen Namen. Es war da, und das war mehr.

Jacques Lusseyran

Geschenk des Himmels

Mein Kind, du bist uns geschenkt
vom Schöpfer der Welt,
der nie aufgehört hat Großartiges zu schaffen.
Ganz vieles steckt noch in dir,
unentdeckt, verborgen.

Und ich bete zu dir, großer Gott, Schöpfer der Welt:
Hilf uns Eltern, sensibel und achtsam zu sein,
damit unser Kind all diese Wunder, die in ihm stecken,
entdecken und entfalten kann.

Judith Schwikart

Ihr sagt: Der Umgang mit Kindern ermüdet uns.
Ihr habt Recht.
Ihr sagt:
Denn wir müssen zu ihrer Begriffswelt hinuntersteigen.
Ihr irrt euch.

Nicht das ermüdet uns.
Sondern –
dass wir zu ihren Gefühlen emporklimmen müssen.
Emporklimmen, uns ausstrecken,
auf die Zehenspitzen stellen, hinlangen.
Um nicht zu verletzen.

Janusz Korczak

Sind so kleine Hände

Sind so kleine Hände
winz'ge Finger dran.
Darf man nie draufschlagen
die zerbrechen dann.

Sind so kleine Füße
mit so kleinen Zeh'n.
Darf man nie drauftreten
könn' sie sonst nicht geh'n.

Sind so klare Augen
die noch alles seh'n
Darf man nie verbinden
könn' sie nichts versteh'n.

Sind so kleine Seelen
offen und ganz frei.
Darf man niemals quälen
geh'n kaputt dabei.

Ist so'n kleines Rückgrat
sieht man fast noch nicht.
Darf man niemals beugen
weil es sonst zerbricht.

Grade klare Menschen
wär'n ein schönes Ziel
Leute ohne Rückgrat
hab'n wir schon zuviel.

Bettina Wegner

Ihr Großen

Ihr Großen, wendet euch den Kindern zu,
freut euch über die Kinder, hört ihnen zu!
Zu lange habt ihr nur auf die Medien gehört.
Viel zu lange schon glaubt ihr nur
an Geld und Genuss, an Fortschritt und Macht.
Wenn wir auf Kinder schauen,
wird alles neu, denn Kinder enthüllen,
was die Welt vergessen hat:
das Wunder von allem, was lebt.

Ihr Großen, empfangt die Augen eines Kindes,
um das Leben anders zu sehen.
Empfangt den Traum eines Kindes
nach dem verlorenen Paradies.
Empfangt das Lachen eines Kindes
und seine Freude an den kleinen Dingen.
Empfangt das Herz eines Kindes,
um an die Liebe der Menschen zu glauben.

Phil Bosmans

Deine Kinder sind nicht deine Kinder,
sie sind die Söhne und Töchter
der Sehnsucht des Lebens nach sich selbst.
Sie kommen durch dich,
aber nicht von dir,
und obwohl sie bei dir sind,
gehören sie dir nicht.
Du kannst ihnen deine Liebe geben,
aber nicht deine Gedanken,
du kannst ihrem Körper ein Heim geben,
aber nicht ihrer Seele,
denn ihr Körper wohnt im Haus von morgen,
das du nicht besuchen kannst,
nicht einmal in deinen Träumen.
Du kannst versuchen,
ihnen gleich zu sein,
aber suche nicht,

sie dir gleich zu machen,
denn das Leben geht nicht rückwärts
und verweilt nicht beim Gestern.
Du bist der Bogen,
von dem deine Kinder
als lebende Pfeile ausgeschickt werden.
Lasse deine Bogenrundung in der Hand des Schützen
Freude bedeuten.
Kahlil Gibran

Fragen an die Eltern

Versprecht ihr,
dem Kind ein guter Vater und eine gute Mutter zu sein?
Es zu lieben und mit ihm zu spielen?
Seinen Hunger zu stillen und seinen Durst zu löschen?
Es fähig zu machen, in der Gemeinschaft gläubiger
Menschen seinen Platz einzunehmen?
Ihm die ersten tastenden Wege
durch die Welt zu zeigen?
Ihm vom guten Gott in Wort und Tat zu erzählen?
Anton Rotzetter

Was gebe ich meinen Kindern mit auf den Weg ins
Leben? Selbstbewusstsein und Verantwortungsgefühl
sind hehre Ziele. Ich will aber auch das Praktische

nicht vergessen: Lerne mit Geld umzugehen, einen Knopf anzunähen, das Fahrrad zu flicken, Hefeteig zu machen ... Und denke daran: Du darfst weinen, wenn dir danach ist.
Georg Schwikart

Teilen

„Der Glaube kommt auf zwei Beinen daher" – hinter dieser Aussage steckt die Einsicht, dass der Glaube von Mensch zu Mensch weitergegeben wird. Viele von uns haben die ersten Glaubensschritte an der Hand ihrer Eltern oder Großeltern gemacht, haben Menschen erlebt, die von ihrem eigenen Glauben gesprochen und uns mit ihrem christlichen Leben „angesteckt" haben. Sie waren bereit, ihren Glauben zu teilen.
Teilen ist ein biblisches Schlüsselwort und eignet sich gut, um uns die Gemeinschaft, die in unserem christlichen Glauben gründet, noch tiefer verstehen zu lassen. Ich kann dem anderen etwas mit-teilen, etwas von mir geben, vielleicht sogar mich selbst. Teilen ist ein zutiefst menschliches Tun, in das ich mich selbst einbringen kann, in dem ich selbst in meinem Menschsein zutiefst angesprochen und gefordert bin.
Robert Zollitsch

Gefährten oder Tod

Ein Weiser ging einmal über Land und sah einen Mann, der einen Johannisbrotbaum pflanzte. Er blieb bei ihm stehen und sah ihm zu und fragte: „Wann wird das Bäumchen wohl Früchte tragen?" Der Mann erwiderte: „In siebzig Jahren." Das sprach der Weise: „Du Tor! Denkst du in siebzig Jahren noch zu leben und die Früchte deiner Arbeit zu genießen? Pflanze lieber einen Baum, der früher Früchte trägt, dass du dich ihrer erfreust in deinem Leben." Der Mann aber hatte sein Werk vollendet und sah freudig darauf, und er antwortete: „Rabbi, als ich zur Welt kam, da fand ich Johannisbrotbäume vor und aß von ihnen, ohne dass ich sie gepflanzt hätte, denn das hatten meine Väter getan. Habe ich nun genossen, wo ich nicht gearbeitet habe, so will ich einen Baum pflanzen für meine Kinder oder Enkel, dass sie davon genießen. Wir Menschen mögen nur bestehen, wenn einer dem andren die Hand reicht. Siehe, ich bin ein einfacher Mann, aber wir haben ein Sprichwort: Gefährten oder Tod!"

Jüdische Geschichte

Typisch Frau? Typisch Mann?

„Wir werden nicht als Mädchen geboren, wir werden zu Mädchen gemacht" war einst eine Parole der Frauenbewegung. Es ist viel Wahres dran: Die geschlechtsspezifische Erziehung beginnt beim Kleinkind. Das kleine Mädchen bekommt Puppen, Kochtöpfchen und Spielbügeleisen geschenkt, wird somit schon früh an seine Rolle als Versorgerin gewöhnt. Später erhält es Bücher, die mehr die Gefühle ansprechen als den Verstand. Nachweislich bevorzugen Frauen auch als Erwachsene Romane und Unterhaltungsliteratur, Männer hingegen Sachbücher. Der Junge darf durch Autos Mobilität einüben, die Modelleisenbahn weckt sein Interesse an der Technik, „Mann"schafts– und Kampfsportarten lenken seine Aggressionen in geordnete Bahnen. Wir erziehen das typische Verhalten der Geschlechter an. Mit „wir" ist dieses unbestimmte Etwas gemeint, das sich „Gesellschaft" nennt: Eltern und Großeltern erziehen mit, der Kindergarten, die Schule, das Fernsehen, der Sportverein und die Kinder von der Straße. Sie alle haben Vorstellungen von „richtig" und „falsch", die wiederum zu den Kategorien „Dazugehören" und „Außen-vor-Stehen" führen.

Meine Frau und ich wollten gegen den Strom schwimmen. Unseren Kindern sollten alle Optionen offen stehen. Aber Theresia wollte von den angebotenen Werkzeugen nichts wissen; ihr Augenmerk galt den Haarspangen und Ohrringen. Und Lukas – Sohn zweier Pazifisten – machte aus einer Banane, aus Legosteinen, aus einem zurechtgebissenen Butterbrot, notfalls aus der rechten Hand – eine Pistole!
Woher, warum? Was haben wir falsch gemacht? – Wir wissen nicht, was erblich bedingt und angeboren ist und was anerzogen. Die Grenzen sind wahrscheinlich fließend.

Georg Schwikart

Liebe Eltern, wenn ich Sie fragen würde, was das Wichtigste im Leben Ihres Kindes sein soll, dann würden Sie vermutlich nicht die Kleidung, nicht das Essen und auch den Schlaf nicht an erster Stelle nennen. So wichtig diese Grundbedürfnisse sein mögen, noch wichtiger ist die Liebe. Ein Kaiser führte einmal einen Menschenversuch durch. Er gab den Betreuern von einigen Säuglingen den Auftrag, es den Kleinen an nichts fehlen zu lassen, was sie zum Leben brauchten. Einzig und allein sprechen sollten sie nicht mit ihnen: keine Geste, kein Wort, keine Zuwendung. Der Monarch dachte, er könne so herausfinden, was die Ursprache aller Menschen sei. Doch die Kinder starben, weil ihnen die Liebe fehlte. Ohne Liebe, ohne die Liebe eines Gegenübers, kann niemand leben, sie ist die Ursprache Gottes und der Menschen. Deshalb sind Sie heute gekommen, um Ihr Kind der gütigen Hand des Herrn anzuvertrauen.

Michael Roos

„Adieu", sagte der Fuchs.
„Hier mein Geheimnis. Es ist ganz einfach:
man sieht nur mit dem Herzen gut. Das Wesentliche ist für die Augen unsichtbar."
„Das Wesentliche ist für die Augen unsichtbar", wiederholte der kleine Prinz, um es sich zu merken.
„Die Zeit, die du für deine Rose verloren hast, sie macht deine Rose so wichtig."
„Die Zeit, die ich für meine Rose verloren habe …", sagte der kleine Prinz, um es sich zu merken.
„Die Menschen haben diese Wahrheit vergessen", sagte der Fuchs.
„Aber du darfst sie nicht vergessen.
Du bist zeitlebens für das verantwortlich, was du dir vertraut gemacht hast."

Antoine de Saint-Exupéry

Vom Wert der Patenschaft

Der Lebens- und Glaubensweg unserer Kinder beginnt in einer kleinen Hausgemeinschaft, in der Familie. Wir Eltern fordern sie zu ihren ersten selbständigen Schritten heraus. Durch unseren Umgang mit ihnen, durch das, was wir ihnen erzählen, wie wir mit ihnen den Alltag und den Sonntag gestalten, erschließen wir ihnen Lebensmöglichkeiten, wecken erste Lebens- und Glaubenserfahrungen.

Wenn ich auf den Weg meiner eigenen Familie schaue, dann sehe ich, wie leicht dies alles gesagt ist. Wie machen wir das: die Kinder an unserem Glauben teilhaben lassen? Wie können wir lernen, ihre Lebenswege und Lebensformen zu respektieren und wertzuschätzen, uns selbstkritisch und vertrauensvoll damit auseinander zu setzen?

Es tut uns gut, mit diesen und anderen Fragen nicht allein zu bleiben und Menschen zu haben, mit denen wir unsere Erfahrungen teilen können. Da sind Freunde, die Gemeinde, die Familiengruppe, die wir gesucht haben.

Und in ganz besonderer Weise die Patinnen und Paten unserer Kinder, in denen für uns die Mitsorge der ganzen christlichen Gemeinschaft konkrete Gestalt gewinnt.

Sie sind Menschen, die wie wir ihr Leben im Licht des Evangeliums zu lesen und zu gestalten versuchen. Sie können – von außen kommend – manches deutlicher wahrnehmen als wir und so auch ein kritisches Gegenüber zu unserer eigenen Lebens- und Glaubenspraxis sein. Unsere Kinder können in ihnen über unseren familiären Raum hinaus Begleiterinnen und Begleiter in die Gemeinde und in ihr Leben finden. Es ist gut, dass nicht alles von uns alleine abhängt.

Gabi und Erich Hauer

Tränen des Glücks
quellen aus den Augen,
überwältigt vom Wunder des Lebens;
verschleierten Blicks
können wir kaum das
neugeborene Kind bestaunen

Gesund, so klein und doch
ein kompletter Mensch:
Sei willkommen auf Erden!
In Zärtlichkeit wollen wir dich betten,
mit Liebe ernähren
und beten für deine Tage in der Zeit:

Segne dieses Menschlein, Herr,
das einen so langen Weg noch vor sich hat,
und lass uns es begleiten, Hand in Hand,
solange es gut ist für uns alle.

Georg Schwikart

5. Du bist auf dem Weg
Gott suchen und finden: Gabe und Aufgabe

Gott: Ein kleines Wort mit vier Buchstaben steht für eine große Idee, für ein zärtliches Gegenüber, für eine seelische Belastung, für eine andere Wirklichkeit. Wer zweifelt und doch eine ungestillte Sehnsucht in sich verspürt, wer Gott zutraut, mehr als eine Hormonausschüttung zu sein oder die hilflose Alternative, wenn die Wissenschaft nicht weiter weiß, wer bereit ist aufzubrechen und Gott auch zu finden, wo man ihn nicht erwartet hat, der ist auf dem Weg des Glaubens.
Georg Schwikart

Gott ist das, was uns unbedingt angeht.
Paul Tillich

Für diejenigen, die an Gott glauben, ist keine Erklärung notwendig.
Für diejenigen, die nicht an Gott glauben, ist keine Erklärung möglich.
Franz Werfel

Gott. Ja, es ist das beladenste aller Menschenworte.
Martin Buber

In jedem Menschen ist ein Abgrund, den nur Gott füllen kann.
Blaise Pascal

Gott ist uns näher, als wir uns selber sind.
Aurelius Augustinus

Gott lebt in einem unzugänglichen Licht.
Keiner hat ihn jemals gesehen.
Nach 1. Brief an Timotheus, Kapitel 6, Vers 16

Glaubst du an Gott? – Nein, wir sind befreundet.
Janosch zugeschrieben

Gott, vor dir steht die leere Schale meiner Sehnsucht.
Gertrud von Helfta

Gott ist ein unaussprechlicher Seufzer, im Grunde der Seele gelegen.
Jean Paul

Wir sollen Gott suchen, aber wir können Gott nicht finden. Wir können nur von ihm gefunden werden.
Henri J. M. Nouwen

Gott besucht uns häufig, aber meistens sind wir nicht zu Hause.
Sprichwort der Zulu

Gott ist, woran einer sein Herz hängt.
Martin Luther

Lasst uns dem Leben trauen, weil wir es nicht allein zu leben haben, sondern Gott es mit uns lebt.
Alfred Delp

Wo wohnt Gott?

„Wo wohnt Gott?"
Mit dieser Frage überraschte der Rabbi einige gelehrte Männer, die bei ihm zu Gast waren. Sie lachten über ihn: „Wie redet ihr! Ist doch die Welt seiner Herrlichkeit voll!" Er aber beantwortete die eigene Frage: „Gott wohnt, wo man ihn einlässt."
Aus dem Judentum

Wie der Vater, wie ein Freund,
der es gut mit mir meint;
wie die Mutter, die mich liebt,
die mir, was ich brauche, gibt;
wie der Sonnenstrahl am Morgen,
der vertreibt die dunklen Sorgen;
wie der Wind in großer Hitze,
wenn ich schon ganz schrecklich schwitze;
wie der Funken in der Nacht,
der ein helles Licht entfacht –
ich könnt ihm tausend Namen geben:
so ist Gott in meinem Leben.

Georg Schwikart

Dass du Gott brauchst, mehr als alles, weißt du allezeit in deinem Herzen; aber nicht auch, dass Gott dich braucht, in der Fülle seiner Ewigkeit dich? Wie gäbe es den Menschen, wenn Gott ihn nicht brauchte, und wie gäbe es dich? Du brauchst Gott, um zu sein, und Gott braucht dich – zu eben dem, was der Sinn deines Lebens ist. Belehrungen und Gedichte mühen sich mehr zu sagen, und sagen zu viel: welch ein trübes und überhebliches Gerede, das vom „werdenden Gott" – aber ein Werden des seienden Gottes ist, das wissen wir unverbrüchlich in unserem Herzen. Die Welt ist nicht göttliches Spiel, sie ist göttliches Schicksal.

Dass es die Welt, dass es den Menschen, dass es die menschliche Person, dich und mich gibt, hat göttlichen Sinn.
Martin Buber

Treuer Gott, du lässt dich finden, wenn wir dich ehrlich suchen. Du antwortest uns, wenn wir von ganzem Herzen nach dir fragen. Wecke uns auf, reinige unseren Willen, bereite uns zur Begegnung mit dir.
Franz von Assisi

Start und Ziel

Lukas war damals fünf Jahre alt.
Er kam zu mir, legte sein Köpfchen schief und fragte unvermittelt: „Papa, wenn ich mal tot bin, dann komme ich doch zu Gott?"
Sein Gesicht verriet, dass er ein Ja erwartete.
Zustimmend nickte ich: „Ja, mein Kind, das glaube ich: wenn wir sterben, dann kommen wir zu Gott."
Der Kleine schien aber noch nicht fertig zu sein mit seinen philosophischen Überlegungen. Und bohrte weiter: „Aber wo war ich vorher?"
„Wie meinst du das?"
„Na, bevor ich in Mamas Bauch war – wo war ich da?"

Ich nahm meinen Sohn auf den Schoß, streichelte durch sein blondes Haar und überlegte.
„Das ist eine gute Frage", sagte ich schließlich. „Wahrscheinlich warst du da, wo es am Ende wieder hingeht: auch bei Gott!"
Lukas presste die Lippen aufeinander, schaute mit nachdenklichem Blick aus dem Fenster, sprang dann zufrieden davon und verlangte in der Küche nach einer Banane.

Georg Schwikart

Unterwegs
er und sie
schwer
der Weg
und das Kind im Leib.

Niederkommen
ohne Ankunft
allein
in der Nacht
Mensch und Tier
unter geöffnetem Himmel.

Aufbruch

unterwegs
zum Kind.

Christel Kehl-Kochanek

Die Menschen können den Weltinhalt so anwachsen lassen, dass Welt und Gott hinter ihm verschwinden, aber sie können nicht die Problematik ihrer Existenz aufheben. Sie lebt in jeder Einzelseele weiter, und wenn Gott hinter der Welt unsichtbar geworden ist, dann werden die Inhalte der Welt zu neuen Göttern.
Eric Voegelin

Warum ich glaube?

weil die Wucht
der Begegnung mit Gott
in mir den Glauben gebar?

weil es absurd ist?
weil es bequem scheint?
weil es schon immer so war?

viele Fragen
zu dieser Frage
so lange mein Herz noch schlägt

ich bin mit dem Glauben
längst nicht fertig
und spüre doch: er trägt
Georg Schwikart

Ich kreise um Gott, den uralten Turm,
und ich kreise jahrtausendelang;
und ich weiß noch nicht:
bin ich ein Falke, ein Sturm
oder ein großer Gesang.

Rainer Maria Rilke

Die theologischen Verwicklungen darf man vergessen, nicht aber die Frage nach Gott als dem Schöpfer. Die Meinung, wir alle trügen von Geburt an die „Idee" von Gott in unserer Seele, ist zwar nicht glaubwürdig, denn wäre es so, dann wäre die Existenz von Atheisten unbegreiflich; glaubwürdig ist dagegen, dass sowohl unser Denken, wenn es anmaßend das Ganze des Seins zu erfassen trachtet, als auch unser Wille nach Ordnung und unsere Sehnsucht nach Sinn gewissermaßen instinktiv danach suchen, was zugleich Schlussstein und Wurzel des Seins ist und dem Sein Sinn verleiht. Viele sprachen darüber, auch viele Atheisten wussten dies, darunter Nietzsche: Ordnung und Sinn kommen von Gott, und wenn Gott wirklich tot ist, dann reden wir uns vergeblich ein, dass der Sinn unversehrt geblieben sein könnte; die gleichgültige Leere saugt uns auf und vernichtet uns, von unserem Leben und unseren Mühen bleibt nichts zurück, keinerlei Spur hinterlassen wir im sinnlosen Tanz der Atome; das Universum will nichts, strebt nichts an,

kümmert sich um nichts und spricht weder Lob aus noch verhängt es eine Strafe. Wer behauptet, dass es Gott nicht gibt und es lustig sei, belügt sich selbst.
Leszek Kołakowski

Die Naturwissenschaft hat nirgends einen Gott entdeckt, die Erkenntniskritik beweist die Unmöglichkeit der Gotteserkenntnis, die Seele aber tritt hervor mit der Behauptung der Erfahrung Gottes. Gott ist eine seelische Tatsache von unmittelbarer Erfahrbarkeit. Wenn dem nicht so wäre, so wäre von Gott überhaupt nie die Rede gewesen. Die Tatsache ist in sich selbst gültig, ohne irgendwelcher nichtpsychologischer Nachweise zu bedürfen, und unzugänglich für jegliche Form nichtpsychologischer Kritik. Sie kann sogar die unmittelbarste und damit die allerrealste Erfahrung sein, die weder belächelt noch wegbewiesen werden kann. Nur Leute mit schlechtentwickeltem Tatsachensinn oder abergläubischer Verbohrtheit können sich dieser Wahrheit gegenüber verschließen.
Carl Gustav Jung

Wenn ich zweifelnd nicht mehr weiter weiß und meine Vernunft versagt, wenn die klügsten Leute nicht mehr weiter sehen als bis zum heutigen Abend und nicht wissen, was man morgen tun muss – dann sendest du mir, Herr, eine unumstößliche Gewissheit, dass du da bist. Du wirst dafür sorgen, dass nicht alle Wege zum Guten versperrt sind.
Alexander Solschenizyn

Da sagte Mose zu Gott: Gut, ich werde also zu den Israeliten kommen und ihnen sagen: Der Gott eurer Väter hat mich zu euch gesandt. Da werden sie mich fragen: Wie heißt er? Was soll ich ihnen darauf sagen? Da antwortete Gott dem Mose: Ich bin der „Ich-bin-da".
Buch Exodus / 2. Mose, Kapitel 3, Verse 13 und 14

Es ist unmöglich, dass ein Mensch die Sonne schaut, ohne dass sein Angesicht hell davon wird.
Friedrich von Bodelschwingh

Ich bemühte mich, die Weisheit kennen zu lernen und das Tun und Treiben auf dieser Welt zu verstehen. Doch ich musste einsehen: Was Gott tut und auf der Welt geschehen lässt, kann der Mensch nicht vollständig begreifen, selbst wenn er sich Tag und Nacht keinen Schlaf gönnt. So sehr er sich auch anstrengt,

alles zu erforschen, er wird es nicht ergründen! Und wenn ein weiser Mensch behauptet, er könne das alles verstehen, dann irrt er sich!
Kohelet / Prediger Salomonis, Kapitel 8, Vers 16

Modernes Credo

Ich glaube nur,
was ich sehe.

Wer's glaubt,
wird selig.

Jeder muss mal
dran glauben.
Georg Schwikart

Leichter wäre es, von Gott zu schweigen, als von ihm zu reden. Wer schweigt, blamiert sich nicht. Wer schweigt, ist nicht angreifbar. Wer schweigt, scheint weise zu sein.
Von Gott reden, wie von ihm wohl geredet werden müsste, ist unmöglich. Noch unmöglicher aber ist es, nicht von ihm zu reden.
Kurt Marti

Dass bereits der Wunsch zu beten,
Gebet sei,
daran halte ich mich fest
und an der Vorstellung,
dass da mehr sein muss,
als ich mir vorstellen kann
Judith Schwikart

An einen Gott glauben heißt, die Frage nach dem Sinn des Lebens verstehen. An einen Gott glauben heißt sehen, dass es mit den Tatsachen der Welt noch nicht abgetan ist. An einen Gott glauben heißt sehen, dass das Leben einen Sinn hat.
Ludwig Wittgenstein

Ich würde mich weigern an einen Gott zu glauben, den ich verstehen könnte.
Graham Greene

Gott ist so groß, dass er es wohl wert ist, ihn ein Leben lang zu suchen.
Teresa von Avila

Offene Fragen

Als meine Kinder klein waren, mochten sie die Geschichten aus der Kinderbibel. Die von Josef, der nach Ägypten verkauft wird, hatten sie gerne, auch die Weihnachtsgeschichte. Doch mit besonderer Vorliebe suchten sie die Erzählung von Passion und Ostern heraus – vielleicht, weil sie die meisten Seiten umfasste und so am Abend etwas länger vorgelesen wurde. Die Chronologie der Ereignisse ist ja bekannt: Abendmahl, Kreuzigung, Grablegung, Auferstehung. Vielleicht ein dutzend Mal hatten die Kinder die Geschichte schweigend angehört. Doch eines Abends sagt die fünfjährige Theresia, als wir bei der Erscheinung des Auferstandenen angekommen sind: „Der Jesus war doch eben noch tot!"
„Ja", versuche ich auf sie einzugehen: „aber Gott hat ihn wieder lebendig gemacht."
Ich sehe ihrem skeptischen Blick an, dass sie sich mit meiner Antwort nicht zufrieden gibt. Plötzlich huscht ein Lächeln über ihr Gesicht: „Ach, ich weiß", lacht sie, „das ist gar keine echte Geschichte." ‚Echt' bedeutet für mein kleines Mädchen, was wirklich passiert ist oder wirklich passieren könnte. Denn sie weiß schon, es gibt auch totale Fiktion wie etwa Lebkuchenhäuser oder sprechende Tiere. Nicht etwa, dass sie solche Geschichten weniger gern hat, aber sie unterscheidet. Ich schüttle sachte den Kopf: „Doch, das ist echt. Jesus

ist getötet worden, aber er lebt wieder. Gott hat das gemacht."

„Und wie hat Gott das gemacht?" Theresia zieht das ‚wie' betont in die Länge.

„Das weiß ich auch nicht."

Unser Gespräch wird durch Lukas unterbrochen. Der dreijährige Knirps drängt, ich solle endlich weiterlesen. Es folgen noch Lied und Gute-Nacht-Kuss, dann wird das Licht ausgeschaltet.

Meine Tochter wird die Frage der Auferstehung Jesu wohl schon wieder vergessen haben. Was soll ich mit dem Kind auch theologische Diskussionen über das Wann, Wo, Wie, Warum, Wozu der Auferweckung führen. Ich weiß es ja alles selbst nicht. Ich nehme nicht vorschnell Zuflucht zur Mystik als Antwort auf alle Glaubensfragen. Mein Glaube schwankt doch zwischen Zweifel und Vertrauen.

Für einen Augenblick will ich mein Kind bedauern. „Arme Theresia", denke ich, „du stellst jetzt schon Fragen, die dich ein Leben lang begleiten werden." Aber was ist eigentlich schlimm daran? Die Frage der Auferstehung wird erst am Jüngsten Tag überzeugend geklärt werden. Bis dahin bleiben eben Fragen. Ohne Antworten zu leben, ist möglich. Ohne Fragen zu stellen, nicht.

Georg Schwikart

Wenn dir der Gedanke kommt, dass alles, was du über Gott gedacht hast, verkehrt ist und dass es keinen Gott gibt, so gerate darüber nicht in Bestürzung. Es geht allen so. Glaube aber nicht, dass dein Unglaube daher rührt, dass es keinen Gott gibt. Wenn du nicht mehr an den Gott glaubst, an den du früher glaubtest, so rührt das daher, dass in deinem Glauben etwas verkehrt war, und du musst dich bemühen, besser zu begreifen, was du Gott nennst.
Leo Tolstoi

Gott, der du dich den Menschen zuneigst
und von uns doch nicht begriffen werden kannst:
Erwecke in uns die Sehnsucht nach dir!

Gott, der du alles geschaffen hast,
aber selbst nicht zu sehen bist:
Lasse uns seine Nähe erfahren!

Gott, du Geheimnis mit vielen Namen
und unzähligen Gesichtern:
Komm' uns doch entgegen, wenn wir dich suchen!
Georg Schwikart

Die Fische eines Flusses sprachen zueinander: „Man behauptet, dass unser Leben vom Wasser abhängt. Aber wir haben noch niemals Wasser gesehen. Wir wissen nicht, was Wasser ist."
Da sagten einige, die klüger waren als die anderen: „Wir haben gehört, dass im Meer ein gelehrter Fisch lebt, der alle Dinge kennt. Wir wollen zu ihm gehen und ihn bitten, uns das Wasser zu zeigen." So machten sich einige auf und kamen auch endlich in das Meer und fragten den Fisch.
Als der Fisch sie angehört hatte, sagte er: „O ihr dummen Fische! Im Wasser lebt und bewegt ihr euch. Aus dem Wasser seid ihr gekommen, zum Wasser kehrt ihr wieder zurück. Ihr lebt im Wasser, aber ihr wisst es nicht."
So lebt der Mensch in Gott. Gott ist in allen Dingen, und alle Dinge sind in Gott. Und doch fragt der Mensch: „Kann es Gott geben? Was ist Gott?"
Aus einer alten Klosterhandschrift

Ohne Gott bin ich ein Fisch am Strand.
Ohne Gott ein Tropfen in der Glut,
Ohne Gott bin ich ein Gras im Sand
Und ein Vogel, dessen Schwinge ruht.
Wenn mich Gott bei meinem Namen ruft,
Bin ich Wasser, Feuer, Erde, Luft.
Jochen Klepper

Einer sagt Ja
zu meiner Geburt
zu meinem Leben
zu meinem Sein
zu meiner Schwäche
zu meinem Versagen
zu meinem Sterben

Einer sagt Ja
zu mir
zu dir
Er wird nicht müde
auf deine
und meine
Antwort
zu warten

Margot Bickel

Einer trägt dich,
ganz gleich, was geschieht.
Einer ist immer bei dir.
Einem kannst du vertrauen
dein ganzes Leben lang.
Du brauchst dich nicht zu fürchten:
Mit Gott wird alles gut.

Georg Schwikart

Gegenwärtig

In jedem Menschen, der dich gern hat,
der dich umsorgt und für den du
aller Mühe wert bist, ist Gott gegenwärtig.
In jedem Wort, das dir Freude macht,
das dir die Wunder der Welt erschließt,
das aus einem liebenden Herzen kommt,
ist Gott in deinem Leben gegenwärtig.

Er ist gegenwärtig, wenn am Morgen
die Sonne aufgeht und am Tag Blumen blühen,
wenn am Abend die Welt zur Ruhe kommt
und in der Nacht die Sterne leuchten.
Er ist gegenwärtig, wenn du wach bist,
wenn du spielst und wenn du schläfst,
wenn du lachst und auch wenn du weinst.
Wir brauchen keine Angst zu haben.
Er, der uns liebt, ist da. Und alles wird gut.

Phil Bosmans

Was oder wer „Gott" ist, vermag gerade der nicht zu
definieren, der an ihn glaubt – nur der Ungläubige hat
eine Formel für ihn.

Walter Dirks

Lied der Chassidim

Wo ich gehe – du!
Wo ich stehe – du!
Nur du, wieder du, immer du!
Du, du, du!

Wenn's mir gut geht – du!
Wenn's weh mir tut – du!
Nur du, wieder du, immer du!
Du, du, du!

Himmel – du, Erde – du,
Oben – du, unten – du,
Wohin ich mich wende,
an jedem Ende:
Nur du, wieder du, immer du!
Du, du, du!

Aus dem Judentum

Gewissheiten verflüchtigen sich,
Sicherheiten brechen weg,
Vertrautes verblasst.
Als einziges bleibt,
woran ich am meisten gezweifelt habe:
deine Gegenwart in meiner Existenz.

Georg Schwikart

Erbarme dich unser.
Erbarme dich unseres Strebens,
dass wir vor dir,
in Liebe und Glauben,
Gerechtigkeit und Demut
dir folgen mögen,
in Selbstzucht und Treue und Mut
und in Stille dir begegnen.

Gib uns
reinen Geist,
damit wir dich sehen,
demütigen Geist,
damit wir dich hören,
liebenden Geist,
damit wir dir dienen,
gläubigen Geist,
damit wir dich leben.

Du,
den ich nicht kenne,
dem ich doch zugehöre.

Du,
den ich nicht verstehe,
der dennoch mich weihte
meinem Geschick.

Du –

Dag Hammarskjöld

Lieber Gott,
du kennst mich wie kein anderer!
Du weißt, ob ich sitze oder stehe,
ob ich spiele oder arbeite.
Bevor ich losgehe,
kennst du schon meine Ziele.

Würde ich hoch in den Himmel steigen:
Du bist da!
Würde ich mich in die Erde eingraben:
Du bist da!
Flöge ich dorthin, wo die Sonne aufgeht
oder ans Ende des Meeres, wo sie abends versinkt:
überall treffe ich auf dich!

Du kennst mich von Anfang an,
du kanntest mich schon,
als ich noch im Bauch meiner Mutter war.
Jeder Tag meines Lebens ist gut aufgehoben bei dir.

Lieber Gott,
wenn ich über dich nachdenke,
komme ich an kein Ende.
Du bist größer und wunderbarer als alles,
was es gibt.

Nach Psalm 139

6. Du bist geliebt von Gott
Getragen vom Glauben der Kirche

Wir gehören nicht zur Kirche – wir sind die Kirche.
Papst Pius XII.

Ich gebe zu, ich liebe diese Kirche, so wie sie ist. Ich kenne ihre Fehler. Doch sagt sie mir das Wort, das mich erlöst und mich erkennen lässt, was Leben ist. Denn glaubt es mir: Der letzte Schrei ist nicht das letzte Wort; denn das wird sprechen, der das Wort im Anfang war.
Lothar Zenetti

Kein Mensch lebt allein, kein Mensch glaubt allein. Gott spricht sein Wort zu uns, und indem er es spricht, ruft er uns zusammen, schafft er seine Gemeinde, sein Volk, seine Kirche. Nach dem Weggang Jesu ist die Kirche das Zeichen seiner Gegenwart in der Welt.
Basilius von Seleukia

Es ist ein Unterschied, ob man von Kindheit an lernt, die Hände zu falten oder sie zur Faust zu ballen.
Hellmut Walters

Die Kirche ist nur Kirche, wenn sie für andere da ist.
Dietrich Bonhoeffer

Weil du mich gesehen hast, glaubst du. Selig sind,
die nicht sehen und doch glauben.
Evangelium nach Johannes, Kapitel 20, Vers 29

Es hat mir immer sehr fern gelegen zu denken, dass
Gottes Barmherzigkeit sich an die Grenzen der Kirche
binde. Gott ist die Wahrheit. Wer die Wahrheit sucht,
der sucht Gott, ob es ihm klar ist oder nicht.
Edith Stein

Die Kirche entfernt sich immer mehr von der
Wirklichkeit und damit immer weiter von Gott.
Bernhard Häring

In einem wankenden Schiff fällt um, wer stillsteht,
nicht, wer sich bewegt.
Sprichwort

Wir bilden uns vielleicht ein, wir stünden nur ein
Gewitter durch. In Wirklichkeit sind wir dabei, das
Klima zu verändern.
Pierre Teilhard de Chardin

Wenn einer emphatisch beteuern wollte, er habe nie an der Kirche gezweifelt, so möge er sich fragen, ob er je wirklich an die Kirche geglaubt hat.
Dietrich Bonhoeffer

Das Christenleben ist niemals ein Zustand, sondern immer ein Tun, ein Unterwegssein.
Gemeinschaft von Taizé

Ehre nicht Christus hier mit seidenen Gewändern, während du dich draußen auf der Straße nicht um ihn kümmerst, wo er vor Kälte und Blöße zugrunde geht. Gott braucht keine goldenen Kelche, sondern goldene Menschen.
Johannes Chrysostomos

Wer die vollkommene Kirche und den vollkommenen Pfarrer sucht, wird ewig enttäuscht bleiben. Er leidet an einer christlichen Kleinkinderkrankheit und weiß es nicht. Er beweist, dass er sich selbst und seine Schwächen noch nicht kennt. Sonst wäre er barmherzig, barmherzig auch mit der Kirche.
Hans Jakob Rinderknecht

Wer in der Taufe zu Christus gehört, der kann durch sein Wort und durch den Kontakt mit ihm aus der Abtötung des Alltags erweckt werden und aufrecht sein Leben leben. Er kann durch das Wort des Lebens gestärkt sein Wort aussprechen, sich ausdrücken, und er wird in gereiften Beziehungen leben können.
Edgar Zoor

Machen wir einen Menschen froh, so ist das viel wichtiger, als wenn wir viele bekehren. Froh machen: das ist Gott die Ehre geben; das ist Friede auf Erden und den Menschen ein Wohlgefallen bringen. Und bringt nur erst wieder Gerechtigkeit in die Freude! Bringt Wahrheit in die Freude! Dann kommt es zur wahren menschlichen Kultur, und das ist Christus in dem, was er bringen wollte.
Christoph Blumhardt

Christsein heißt das Recht,
ein Anderer zu werden.
Dorothee Sölle

Optimismus ist in seinem Wesen keine Ansicht über die gegenwärtige Situation, sondern er ist eine Lebenskraft, eine Kraft der Hoffnung, wo andere resignieren, eine Kraft, den Kopf hochzuhalten, wenn alles fehlzuschlagen scheint, eine Kraft, Rückschläge zu ertragen, eine Kraft, die die Zukunft niemals dem Gegner lässt, sondern sie für sich in Anspruch nimmt. Es gibt gewiss auch einen dummen, feigen Optimismus, der verpönt werden muss. Aber den Optimismus als Willen zur Zukunft soll niemand verächtlich machen, auch wenn er hundertmal irrt. Er ist die Gesundheit des Lebens, die der Kranke nicht anstecken soll.
Es gibt Menschen, die es für unernst, Christen, die es für unfromm halten, auf eine bessere irdische Zukunft zu hoffen und sich auf sie vorzubereiten. Sie glauben an das Chaos, die Unordnung, die Katastrophe als den Sinn des gegenwärtigen Geschehens und entziehen sich in Resignation oder frommer Weltflucht der Verantwortung für das Weiterleben, für den neuen Aufbau, für die kommenden Geschlechter. Mag sein, dass der Jüngste Tag morgen anbricht, dann wollen wir gern die Arbeit für eine bessere Zukunft aus der Hand legen, vorher aber nicht.
Dietrich Bonhoeffer

„Kirche" – das sind wir

Eine Kirche ist ein Haus für Gott. Fast in jeder Stadt der Welt gibt es diese Häuser – alte und moderne Kirchen, große Dome und kleine Kapellen. Dort kommen Menschen zusammen. Sie beten und singen, sie lesen in der Bibel und schweigen, sie feiern die Sakramente oder wollen einfach nur zur Ruhe kommen.
Eine Kirche ist ein Haus aus Steinen:
Das Wort „Kirche" kommt aus der Sprache Griechenlands. Es heißt übersetzt etwa: „Es gehört dem Herrn".
Eine Kirche gehört dem Herrn: Der Herr ist Jesus Christus. An ihn glauben die Christen. Kirche nennt man auch die Gemeinschaft aller Christen:
Diese Kirche ist nicht aus Steinen, sondern aus Menschen, die Gott vertrauen, die mit Jesus Christus ihren Lebensweg gehen, die vom Heiligen Geist berührt sind.
In der Kirche wurde immer darüber nachgedacht: Wie viel Gemeinsamkeit müssen wir unbedingt haben und wie viel Verschiedenheit können wir vertragen?
Zu jeder Zeit gab es Auseinandersetzungen darüber, was die Christen glauben und wie sie leben sollen.
Was ist richtig und was ist falsch? Was soll man tun und was soll man lassen?
Wenn man sich nicht versöhnen konnte, kam es zu Trennungen: So entstanden in der einen Kirche mit der Zeit viele Kirchen. Diese einzelnen Kirchen nennt

man auch „Konfessionen", das bedeutet aus der lateinischen Sprache übersetzt: „Bekenntnisse".
Trotz mehrerer Konfessionen gibt es die eine Kirche, die Gemeinschaft aller Christen auf der Welt. Alle Christen verbindet der Glaube an Gott, den Vater, den Sohn und den Heiligen Geist. Alle lesen in der Bibel. Alle beten das Vaterunser. Alle kennen die Taufe als feierliche Aufnahme in die Kirche. Wann aber jemand getauft werden soll – als Säugling oder erst als Erwachsener – darüber gibt es verschiedene Auffassungen.
Viele Kirchen gehören zur einen Kirche: Heute bemühen sich die Christen, das zu betonen, was sie verbindet, nicht das, was sie unterscheidet. Wenn Kirchen die Einheit suchen, dann fördern sie die Ökumene. Das Wort „Ökumene" kann man so übersetzen: „Die ganze bewohnte Erde".
Die Kirche ist verzweigt wie ein alter Baum, aus dem Äste und Zweige wachsen. Die Kirche ähnelt einem Regenbogen, der durch die verschiedenen Farben leuchtet. Die Kirche gleicht einer großen Familie: Man kennt einander, man versteht sich nicht mit jedem gleich gut, aber allen ist bewusst, dass sie zusammengehören.
Die Christen bekennen im Glaubensbekenntnis: Die Kirche ist „heilig". Heilig zu sein ist die Eigenschaft von Gott. Heilig ist auch die Kirche, wenn sie Gott lebendig macht in der Welt. Heilig ist die Kirche,

wenn die Christen aller Konfessionen die Weisung ihres Herrn umsetzen. Jesus Christus sagte: „Sie sollen eins sein, wie mein Vater und ich eins sind."
Georg Schwikart

Die Einheit in Gott bedeutet nicht Gleichmacherei. Der Glaube schenkt uns eine Freiheit, die uns die vielfältigen Facetten des Lebens auskosten lässt. Erst wenn wir die Andersartigkeit des Mitmenschen respektieren, gelangen wir in dem einen Gott zu wahrer Einheit.
Michael Roos

Ökumene

Ein Fremdwort – für die Gleichgültigen,
ein Reizwort – für die Festgelegten,
ein Hauptwort – für die Begeisterten,
ein Zukunftswort – für die noch nicht Resignierten,
ein Phantasiewort – für die Pragmatiker,
ein Fragewort – das Strukturen erschüttert,
ein Füllwort – das als Alibi gebraucht wird,
ein Trostwort – für die Verletzten,
ein Leitwort – für die Suchenden,
ein Kennwort – für die Eingeweihten
und eines der letzten Worte unseres Herrn: Seid eins!
Clemens Wilkes

Netz

Kunstvoll ist das Netz der Spinne.
Nützlich zum Fang der Nahrung und als luftiges
Haus.
Der Fischer lebt vom Netz.
Das Leben der Artisten wird vom Netz gesichert.

Kleider sind Netze.
Alles Stoffliche ist ein Netz aus kleinsten Teilchen.
Unser Leib, alles Lebendige, sind Netze aus Zellen,
aus Nerven, Adern, Hormonen, Säuren, Substanzen.

Die Liebenden spannen ein Netz der Gefühle,
Erlebnisse, Beziehungen untereinander.
Das Netz der Familie trägt die Jungen und die Alten,
die Schwachen und die Behinderten.
Jede Gemeinschaft ist wie ein Netz.
Reißt ein Faden, bedeutet es für alle Gefahr.

Aus unseren Gebeten webt Gott ein Netz,
das er selbst in Händen hält,
in das wir uns fallen lassen können.
Schützend hängt es über unseren Lebensschluchten,
wenn wir Seiltänzer einen Fehltritt tun.

Friedrich Giglinger und Wolfgang Heiß

Du musst dich entscheiden

Seine Kinder kamen auf die Welt und wurden nicht getauft.
Ich fragte: „Warum lasst ihr sie nicht taufen?"
Er antwortete: „Wir wollen, dass sie einmal selbst entscheiden können!"

Meine Kinder kamen auf die Welt und wurden getauft.
Er fragte: „Warum lasst ihr sie taufen?"
Ich antwortete: „Wir wollen, dass sie einmal selbst entscheiden können –
aber um entscheiden zu können, müssen sie kennen lernen, um was es geht: Ich möchte, dass meine Kinder Erfahrungen machen können in der Kirche, dass sie Gemeinschaft erleben und mit anderen nach Gott fragen in dieser Welt. Später einmal werden sie reif sein für eine freie Entscheidung."

Georg Schwikart

Widerstand und Glaube

Durch die Taufe werden die Kinder Christen. Christ kann aber nur sein, wer bereit ist zum Widerspruch, zum Widerstand. Seit ältester Zeit werden Eltern und Paten der Täuflinge gefragt, ob sie ihren Kindern darin ein Vorbild sein wollen, ob sie widersprechen, wo Kindern oder Erwachsenen Leid zugefügt wird oder Unrecht geschieht. Wer zu Widerspruch und Widerstand bereit ist, antworte auf die folgenden Fragen: Wir widersagen.
Widersagt Ihr dem Bösen in all seinen Gründen: Gier, Herrschsucht und Misstrauen?
Widersagt Ihr dem Bösen und all seinen Mitteln: Lüge, Verstellung und Missbrauch der Macht?
Widersagt Ihr dem Bösen und all seinen Folgen: Geiz und Hass, Krieg und Ungerechtigkeit?

Nun frage ich nach unserem christlichen Glauben. Wenn Sie diesen Glauben teilen, antworten Sie auf die Fragen: Wir glauben.
Glaubt Ihr an Gott, den Ursprung allen Lebens, der wie ein guter Vater alle seine Geschöpfe liebt?
Glaubt Ihr an Jesus Christus, der unser Leben teilte und uns zu einem Leben in Freiheit und Liebe ermutigte?
Glaubt Ihr an den Heiligen Geist, in dem neues Leben immer wieder gelingt und beginnt?
Herbert Kaefer

Wo der Himmel ist

Der Himmel ist die Begegnung. Er ist das Zusammensein. Er ist das Hervorbringen. Er ist das Wachsen und Reifen des Sohnes beim Vater. Er ist das Reich der Liebe. Er ist die Ewigkeit. Er ist das Paradies. Als ich ein Kind war, suchte ich Gott, unverwandt ins Licht blickend, das von oben kam. Als ich heranwuchs, suchte ich ihn bei den Brüdern, die um mich waren. Als ich in der Mitte des Lebens war, suchte ich ihn auf den Pisten der Wüste. Nun, da mein Weg dem Ende zugeht, genügt es mir, die Augen zu schließen, und ich finde ihn in mir.

Carlo Carretto

Das verlorene Schaf –
Ein Gleichnis für religiöse Erzieher

Ein Schaf fand ein Loch im Zaun und kroch hindurch. Es war so froh abzuhauen. Es lief weit weg und fand nicht mehr zurück. Und dann merkte es, dass ihm ein Wolf folgte. Es lief und lief, aber der Wolf blieb ihm auf den Fersen, bis der Hirte kam, es aufnahm und liebevoll zurück in den Pferch trug. Und trotz allen Drängens weigerte sich der Hirte, das Loch im Zaun zu vernageln.

Anthony de Mello

7. Du bist getauft
Wasser und Licht – sprechende Zeichen

Guter Gott,
du wirst dieses Kind durch sein Leben begleiten.
So bitten wir dich:
Öffne ihm seine Augen,
damit es die Schönheit deiner Schöpfung
zu sehen lernt
und dich als den Schöpfer erkennen kann.
Öffne ihm seine Ohren,
damit es in den Worten der Menschen
auch dein Wort des Lebens hören kann.
Öffne ihm seinen Mund,
damit es seine Stimme für die Menschen erhebt
und so deine Frohe Botschaft verkündet.
Mache sein Herz weit
für die Bedürfnisse der Menschen,
die ihm auf seinem Lebensweg begegnen werden.
Hilf ihm, wirklich ganz Mensch zu sein,
lachen zu können, aber auch weinen zu dürfen,
seinen Mund aufzutun, aber auch schweigen zu lernen,
zu geben, aber auch annehmen zu können.
Stärke in uns allen das Vertrauen in dich,
damit wir allen Menschen mit Offenheit
zu begegnen lernen.
Johannes Gottlieb

Mit allen Sinnen

Ich wünsch' dir, dass du sehen kannst:
eine bunte Zirkuswelt,
die zarten Farben des Regenbogens,
die Augen deiner Eltern ...

Ich wünsch' dir, dass du riechen kannst:
frische Apfelsinen,
Brot, das aus dem Ofen kommt,
Tannenduft im Advent ...

Ich wünsch' dir, dass du hören kannst:
wie jemand freundlich deinen Namen sagt,
Gezwitscher der Vögel,
Musik, die dich tanzen lässt ...

Ich wünsch' dir, dass du schmecken kannst:
Süßes und Saures,
die salzige Brise des Meeres,
kaltes, klares Wasser ...

Ich wünsch' dir, dass du fühlen kannst:
die Hand eines Freundes,
ein warmes Bad,
Gras unter deinen Füßen ...

Ich wünsch' dir, dass du dankbar bist
und erkennst, wie kostbar diese Gaben sind,
wie unendlich kostbar:
Geschenke des Lebens an dich,
Geschenke von dem, der die Quelle des Lebens ist,
von Gott dem Vater und dem Sohn
und dem Heiligen Geist.
Georg Schwikart

Dass dein Ohr, Kind, offen sei für das Gute.
Darum bitten wir, o Herr!
Dass deine Hände Halt finden und Halt geben.
Darum bitten wir, o Herr!
Dass deine Augen das Leben sehen.
Darum bitten wir, o Herr!
Dass deine Füße nicht alleine gehen.
Darum bitten wir, o Herr!
Dass dein Mund die rechten Worte finde.
Darum bitten wir, o Herr!
Dass du gesegnet bist und Segen bringst.
Darum bitten wir, o Herr!
Markus Tomberg

Die Handauflegung

Der Mensch kann nur Mensch sein, wenn er bejaht wird. Nur wenn er aus allem und trotz allem ein letztes „Ja, ich stehe zu dir" herausspürt.
Die Kirche ist dazu da, den Menschen die Nähe Gottes erfahren zu lassen. In unserer menschlichen Nähe lebt das Ja Gottes.
Wir wollen diesem Kind menschlich nahe sein und ihm unsere Treue zu ihm versprechen:
Wir sind bei dir bis in den Tod. Wir geben dich nicht auf, auch wenn du falsche oder andere Wege als wir gehen solltest.
Wir wollen dir nahe sein.
Wir bejahen dich so, wie du bist.
Jetzt und das ganze Leben hindurch.
Zum Zeichen dafür legen wir dem Kind die Hände auf: Wir, d. h. die Vertreter der Kirche, Vater und Mutter, die Paten, die Angehörigen und Freunde (alle, die da sind).
Das Kind versteht die Sprache der Hände: Wir legen sie dem Kind auf den Kopf und zeichnen dann das Kreuz auf die Stirn.

Anton Rotzetter

Du legst
deine kleine Hand
in die meine
Ein Vöglein
im Nest
Josef Fink

Der Planet müsste Meer heißen.
Er ist mehr Wasser als Erde.
José Emilio Pacheco

Wasser, du hast weder Geschmack
noch Farbe, noch Aroma.
Man kann dich nicht beschreiben.
Man schmeckt dich,
ohne dich zu kennen.
Es ist nicht so,
dass man dich zum Leben braucht.
Du selbst bist das Leben.
Antoine de Saint-Exupéry

Was das Wasser sagen will

Dem Wasser kommt in der Taufe eine besondere Bedeutung zu. Das Wort „taufen" kommt von „tauchen": In alter Zeit fand die Taufe durch vollständiges Untertauchen des Täuflings statt.

Wasser ist ein Element des Lebens, denn ohne Wasser kann nichts leben – weder Pflanze noch Tier oder Mensch. Wir trinken Wasser und kochen damit, wir nutzen es zur Körperpflege und zur Reinigung unserer Wohnungen, zum Schwimmen, Planschen, Spielen, als Verkehrsweg und zur Energieerzeugung.

Doch Wasser kann auch schaden: Überschwemmungen vernichten Ernten und Häuser, beim Schiffsuntergang ertrinken Menschen.

Dies symbolisiert das Wasser der Taufe: Was uns von Gott trennt, wird weggespült, wie einst die Sintflut alle Schuld auf der Welt weggewaschen hat. Was uns aber mit Gott verbindet, das wird belebt und begossen mit lebenspendendem Wasser.

Georg Schwikart

Taufe oder: Mit allen Wassern gewaschen

wir möchten nicht
dass unser kind
mit allen wassern gewaschen wird

wir möchten
dass es
mit dem wasser der gerechtigkeit
mit dem wasser der barmherzigkeit
mit dem wasser der liebe und des friedens
reingewaschen wird

wir möchten
dass unser kind
mit dem wasser christlichen geistes
gewaschen
übergossen
beeinflusst
getauft
wird

wir möchten selbst das klare lebendige wasser
für unser kind werden und sein
jeden tag
wir möchten auch dass seine paten
klares kostbares lebendiges wasser
für unser kind werden

wir hoffen und glauben
dass auch unsere gemeinde in der wir leben
und dass die kirche zu der wir gehören
für unser kind das klare kostbare
lebendige wasser
der gerechtigkeit
der barmherzigkeit
der liebe und des friedens ist

wir möchten
und hoffen
dass unser kind
das klima des evangeliums findet
wir möchten nicht
dass unser kind mit allen wassern
gewaschen wird

deshalb
in diesem bewusstsein
in dieser hoffnung
in diesem glauben
tragen wir unser kind
zur kirche
um es der kirche
der gemeinde zu sagen
was wir erwarten
für unser kind
was wir hoffen
für unser kind

wir erwarten viel
wir hoffen viel
Wilhelm Willms

Segnung des Wassers

Gott, unser Vater, wir preisen dich;
denn du schenkst uns das Wasser.
Wasser ist Leben.
Wasser belebt, erquickt und reinigt.

Gott, unser Vater, wir preisen dich;
denn du schenkst uns
im Zeichen des Wassers Leben von deinem Leben,
befreist uns aus der Macht des Bösen
und machst uns zu neuen Menschen.

Gott, unser Schöpfer und Erlöser,
segne dieses Wasser.
Erinnere uns durch dieses Zeichen,
dass wir getauft sind.
Hilf uns leben, wie es der Taufe entspricht,
und vollende an uns, was sie verheißt.

Werner Groß

Gott. Wasser ist etwas Köstliches
Es macht frisch und jung, wenn wir verschwitzt sind
Es macht sauber und rein, wenn wir schmutzig sind
Es stillt unsere Sehnsucht, wenn wir Durst haben
Wasser ist etwas Köstliches

Im Wasser ist Leben
Ohne Wasser verwelken die Blumen
Ohne Wasser sterben die Keime
Ohne Wasser verschmachten die Menschen und Tiere
Im Wasser ist Leben
Wasser ist wie Du, Gott
köstlich und lebendig
Durch das Wasser rettest Du den Menschen
Durch das große Wasser hindurch hast Du Noah
und seine Familie gerettet
Durch das große Wasser hindurch hast Du Moses
und sein Volk gerettet

Dein Sohn Jesus Christus ist köstliches Wasser
Es macht unser Herz jung und frisch, rein und sauber
In ihm leben wir auf
In ihm entfalten sich alle Keime in uns
Durch ihn sind wir gerettet

Geist Gottes. Du ruhst auf diesem Wasser
Gib ihm die Kraft und lass es uns werden
zum lebendigen Wasser
zu Jesus Christus, unserem Herrn
In ihm wollen wir sterben und auferstehen
In ihn wollen wir eintauchen und aufleben
Wir und dieses Kind

Anton Rotzetter

Dunkelheit macht den Menschen Angst. In einem finsteren Keller sind wir froh, mindestens eine kleine Taschenlampe bei uns zu haben. Manche Menschen empfinden das ganze Leben als schwarze Nacht, wenn sie schlimme Sachen erleiden müssen. Da sagt Jesus: „Ich bin das Licht der Welt. Ich mache eure Dunkelheit hell. Ihr braucht keine Angst zu haben."
In jeder Osternacht wird feierlich eine große Osterkerze entzündet, die als Symbol für den auferstandenen Christus ihr Licht spendet. An dieser Kerze entzünden wir bei der Taufe die Taufkerze. Sie begleitet einen Christen sein ganzes Leben lang und leuchtet am Geburts- und Namenstag, zur Erstkommunion und Hochzeit.

Georg Schwikart

Christus, der Auferstandene und Lebendige, ist das Licht, das in unsere Beziehungen hineinstrahlt. Die Kirche ist die Hüterin dieses Lichtes. Wir sollen Licht sein, dieses Kind soll Licht sein – Licht von Christus her.

Du göttliches Licht
Leucht in den Augen dieses Kindes
Strahl auf in seinem Leben
Sei Du ihm Stern in der Nacht und Sonne am Tag
Anton Rotzetter

Licht braucht alles, was lebt.
Wenn sich morgens die Dunkelheit hebt,
leben Menschen, Blumen und Tiere auf,
ein neuer Tag nimmt seinen Lauf.

Trotz Lampen kann es sie geben:
Finsternis in unserem Leben.
Obwohl die Sonne scheint,
hört man ein Kind, das weint.

Gott sagt: „Du brauchst nicht ängstlich sein,
so fürchte dich doch nicht.
Ich trag dich, du bist nicht allein;
auf jede Nacht folgt Licht!"
Georg Schwikart

In der frühen Kirche wurde die Taufe auch ‚Erleuchtung' genannt, weil dieses Sakrament das Licht schenkt und wirklich sehen lässt.
Benedikt XVI.

Wie dein Glück leuchtet
In unserer Mitte
Wie deine Freude strahlt
Und dein Lächeln funkelt

Wie das Dunkel hell wird
Der Tag schon dämmert
Die Finsternis schwindet
Wenn du lachst

Wie dein Gesicht
Das Lächeln Gottes
In unserer Mitte
Spiegelnd verkündet

So leuchte dir
Das Licht dieser neuen Kerze
Markus Tomberg

8. Du bist in Gottes Hand
Fürbitten, Wünsche und Segen

Stärker als alles ist die Liebe. Dieses Geschenk wurde N. in der Taufe zuteil. Wir bitten dich, guter Gott:

Lass diese Gabe in N. täglich wachsen und reifen, damit er (sie) die Liebe auf seine (ihre) persönliche Weise im Leben verwirklichen kann.

Gib ihm (ihr) die Erfahrung, von anderen geliebt zu werden, damit er (sie) in der Geborgenheit der Familie erkennt, wozu er (sie) in Gott berufen ist.

Erfülle sein (ihr) ganzes Herz mit dem Reichtum deiner Liebe, damit er (sie) sich nicht mit Halbheiten zufriedengibt, sondern mit allen Kräften nach dem Glück sucht.

Schenke ihm (ihr) Freude an deinen Geboten, die nicht Last, sondern Hilfe sind für ein zufriedenes und gelungenes Leben.

Du, Herr, bist die Liebe und lässt uns immer wieder daran teilhaben. Dir sei Lob und Preis in alle Ewigkeit.

Michael Roos

Gott, du willst das Leben der Menschen. Wir bitten dich: Segne die Zukunft von N.

Öffne unsere Augen für die wunderbaren Werke deiner Schöpfung.

Bewahre die Schöpfung vor der Zerstörung durch Menschen.

Gib, dass wir/die Eltern nie die Hoffnung aufgeben für die Zukunft unserer/ihrer Kinder.

Stärke das Verantwortungsbewusstsein derer, die heute die Weichen für die Zukunft stellen.

Wecke unser Verantwortungsbewusstsein für die Kinder in den Armutsländern der Erde.

Ja, Vater, höre unsere Bitten durch Christus, unsern Herrn.

Herbert Kaefer

Guter Gott, wir haben viele Wünsche für die Kinder, die heute getauft werden. Aber es sollen nicht nur Wünsche sein; wir wollen uns selbst bemühen, den Kindern zu einer guten Entwicklung zu helfen. Doch wir sind schwach. Darum bitten wir dich, dass unsere Wünsche Wirklichkeit werden:

Wir wünschen Euch gute Freunde in allen Lebenslagen.
Wir wünschen Euch ein gesundes Empfinden für Recht und Unrecht.
Wir wünschen Euch Durchsetzungsvermögen, aber auch die Fähigkeit, Euch eingliedern zu können.
Wir wünschen Euch Gesundheit, Zufriedenheit und Ausgeglichenheit.
Wir wünschen Euch, dass Ihr zu eigenständigen Persönlichkeiten heranreift.
Wir wünschen Euch, dass Ihr in Eurem Leben offenen Händen begegnet, die Euch geben, stützen und trösten.
Wir wünschen, dass Ihr Eure Hände öffnet für die, die sie suchen und brauchen.

Guter Gott, du hast uns schon so viel geschenkt.
Wir preisen dich durch Christus.

Herbert Kaefer

Vater für alle.

In diesem Kind ist ein Gedanke Gottes Wirklichkeit geworden. Er selber spiegelt sich durch dieses Kind hinein in unser Leben. In diesem Kind erkennen wir die Liebe und die Größe unseres Schöpfers, den wir Vater nennen dürfen. Darum bitten wir ihn:

Vater aller Menschen, bewahre N. die Ähnlichkeit zu dir. Erfülle N. mit deinem Glück, mit deiner Freude und lass die Sonne deines Segens strahlend mit ihr/ihm sein an jedem Tag. Vater aller Menschen, erhöre uns.

Schöpfer aller Menschen, begleite N. mit deiner Liebe und sei ihr/ihm immer und überall nahe. Lass alles Gute in ihr/ihm wachsen und beschütze sie/ihn auf allen Wegen. Schöpfer aller Menschen, erhöre uns.

Weggefährte aller Menschen, erfülle die Paten dieses Kindes mit deinem Geist. Schenke ihnen Worte aus Behutsamkeit und Anerkennung. Schenke ihnen Zeit aus Geduld und Verständnis. Schenke ihnen Zeichen der Freundschaft und der Güte. Weggefährte aller Menschen, erhöre uns.

Beschützer aller Menschen, segne und beschütze die Eltern dieses Kindes, damit sie nach deinem Beispiel für *N.* da sind. Stärke ihre Liebe und lass sie für ihr Kind zu einem Segen werden. Beschützer aller Menschen, erhöre uns.

Erlöser aller Menschen, führe alle verstorbenen Verwandten dieses Kindes in das Licht deiner Freude und deiner Güte. Sie sind deine Gedanken und deine Töchter und Söhne. Erlöser aller Menschen, erhöre uns.

Denn du hast vor Beginn der Zeiten schon an uns gedacht. Du hast den Tag herbeigesehnt, an dem wir unter deinem Schutz in dieses Leben traten. Du hast uns als dein Abbild unverwechselbar erschaffen. Wir danken dir und preisen dich, denn du bist für uns da durch Christus, unseren Herrn.

Detlef Kuhn und Jürgen Kuhn

Keinen Tag soll es geben!

Keinen Tag soll es geben,
an dem du sagen musst:
Niemand ist da, der mich hört.
Keinen Tag soll es geben,
an dem du sagen musst:
Niemand ist da, der mich schützt.
Keinen Tag soll es geben,
an dem du sagen musst:
Niemand ist da, der mir hilft.
Keinen Tag soll es geben,
an dem du sagen musst:
Ich halte es nicht mehr aus.

Und der Friede
Gottes, der höher ist als
unsre Vernunft, der halte
unsren Verstand wach und
unsre Hoffnung groß und
stärke unsre Liebe.
Uwe Seidel

Möge dem Kind die Sonne scheinen
mög' es im Leben mehr lachen als weinen
mögen es Hände und Flügel berühren
möge es Sehnsucht und Freiheit spüren

möge es träumen, tanzen und singen
mög' es die Liebe zum Blühen bringen
mög' es im Leid voller Hoffnung bleiben
Menschen und Erde ins Herz sich schreiben
möge dem Kind das Gute begegnen
mög' die umfassende Liebe es segnen.
Christa Peikert-Flaspöhler

Was ich dir wünsche

Ich wünsche dir nicht
ein Leben ohne Entbehrung,
ein Leben ohne Schmerz,
ein Leben ohne Störung.
Was sollst du tun
mit einem solchen Leben?

Ich wünsche dir aber,
dass du bewahrt sein mögest
an Leib und Seele.
Dass dich einer trägt und schützt
und dich durch alles,
was dir geschieht,
deinem Ziel entgegenführt.
Jörg Zink

Reisewünsche. Verliere dein Ziel nicht aus den Augen und den Pass nicht aus der Tasche. Das Geld soll dir nicht ausgehen und nicht die Geduld. Nicht zu schwer sollen deine Koffer sein, ebenso dein Herz in der Stunde des Abschieds. Mögest du Freunde finden und zu dir selbst. Ich wünsche dir in der Wüste genügend Wasser, im Regen einen Schirm und am Abend einen, der mit dem Essen auf dich wartet.
Georg Schwikart

Tauflied

Kein Paradies
können wir dir geben
in dieser Welt
kleines Menschenkind

aber die Eltern
und deine Verwandten
sie lieben dich sehr

aber die Paten
die Freunde und Nachbarn
sie stehen dir bei

aber die Menschen
aus dieser Gemeinde
sie gehen mit dir

Kein Schloss aus Gold
können wir dir schenken
kein Zauberwort
kleines Menschenkind

aber den Namen
des ewigen Gottes
der will, dass du bist

aber das Zeichen
in dem du erlöst bist
das Kreuz auf der Stirn

aber das Wasser
der Taufe zum Leben
das strömt über dich

Kein Horoskop
können wir dir zeigen
aus lauter Glück
kleines Menschenkind

aber die Hoffnung
zu der du gesalbt bist
ein Christ sollst du sein

aber die Liebe
sie soll dein Gewand sein
das kleidet dich gut

aber den Glauben
das Licht auf dem Leuchter
so leuchte du auch
Lothar Zenetti

Wir bitten Gott um Segen

Wir bitten Gott um Segen:
um Sonne und um Regen,
um Schnee und Rückenwind;
um Brot an allen Tagen;
dass wir uns schnell vertragen
wenn wir einmal verstritten sind.

Wir bitten Gott um Träume,
um Wasser und um Bäume
und um genügend Zeit:
zum Spielen und zum Lernen,
zum Schauen nach den Sternen,
um warmes Licht in Dunkelheit.

Wir bitten Gott um Segen:
auf allen unsern Wegen
um eine Hand, die hält;
um Freunde als Begleiter,
um eine Himmelsleiter
und Frieden, Frieden in der Welt.
Georg Schwikart

Der Herr sei vor dir,
um dir den rechten Weg zu zeigen.
Der Herr sei neben dir,
um dich in die Arme zu schließen
und dich zu schützen
gegen Gefahren von links und rechts.
Der Herr sei hinter dir,
um dich zu bewahren
vor der Heimtücke böser Menschen.
Der Herr sei unter dir,
um dich aufzufangen, wenn du fällst,
und dich aus der Schlinge zu ziehen.
Der Herr sei in dir,
um dich zu trösten, wenn du traurig bist.
Der Herr sei um dich herum,
um dich zu verteidigen,
wenn andere über dich herfallen.
Der Herr sei über dir,
um dich zu segnen.
So segne dich der gütige Gott.

Altchristliches Segensgebet

Dein Leben, noch so kurz an Tagen,
birgt so viel Unbekanntes:
Es liegt vor dir wie ein schneebedecktes Feld,
über das noch niemand gegangen ist.
Es steckt voller Überraschungen, wie eine Wundertüte.
Es gleicht einem ungelesenen Buch,
von dem du kaum die erste Seite kennst.

Wie wird dein Leben verlaufen?
Niemand weiß es heute.
Erst am Ende deiner Tage bist du schlauer.
Dann wirst du sagen können,
ob es ein gutes Leben war.

Was aber macht das Leben gut?
Nur Ferientage?
Sie würden dir mit der Zeit langweilig werden.
Nur Sonnentage?
Du würdest irgendwann Wind und Regen,
Schnee und Kälte vermissen.
Nur Tage, an denen alle deine Wünsche erfüllt werden?
Die Ziele würden dir fehlen.
Ein Ziel zu erreichen, macht froh.

In deinem Leben wird sich vieles wandeln.
Manches wirst du planen können,
anderes wird ungefragt geschehen.

Du wirst umziehen,
Freunde finden und verlieren,
krank werden und wieder gesund.
Es wird Tränen geben, hoffentlich auch vor Lachen!

Mögest du lernen,
die langweiligen Phasen des Lebens durchzustehen
und die ereignisreichen zu genießen.
Mögest du die Schule und Arbeit als Chance begreifen
und nicht als Belastung,
und wenn es mal heiß her geht,
einen kühlen Kopf bewahren.

Nutze nicht jede Chance zum Streit,
aber jede zum Frieden.
Freue dich über freie Zeit zum Spielen,
Musikhören und Faulenzen.
Nichts Gutes ist selbstverständlich.
Jeden Tag soll dir ein Tisch gedeckt,
jede Nacht ein Bett für dich gemacht sein.
Was auch immer geschieht:
Immer möge jemand für dich da sein,
dem du vertrauen kannst.

Gott soll eine schützende Hand über dich halten,
und du sollst das spüren in deinem Leben,
jeden Tag.
Georg Schwikart

Ich wünsch dir einen Engel,
ganz für dich allein.
Wo du gehst und stehst,
soll er bei dir sein.

Ich wünsch dir einen Engel,
der ist immer wach.
Und wenn du schlafend träumst,
schützt er dich wie ein Dach.

Ich wünsch dir einen Engel,
der so heißt wie du.
Er kennt dich ganz genau,
er schützt dich immerzu.

Georg Schwikart

Mit Wasser und Heiligem Geist

Der Herr segne dich
und halte Seine Hand schützend über dein Leben,
da Er nun „Ja" gesagt zu deinem Sein.

Er lasse dich wachsen und blühen
inmitten Seiner Gemeinde
und schenke dir das Ansehen,
das du zum Werden brauchst.

Er lasse deine Augen all das bestaunen,
was Seine Hände einmal gebildet aus dem Nichts,
und lasse deine Ohren lauschen auf Seine Botschaft
für uns Menschen.

Er lasse dich Vertrauen finden zu dir und zu Ihm,
der sich mit dir vermählt wie Braut mit Bräutigam,
seit das Wasser der Taufe dein Haar benetzt hat.

Er lasse dich einen Weg finden durch diese Welt,
der dir gut tut.
Und Spuren, die du hinterlässt,
sie mögen Staunen finden bei dem,
der nach dir kommt.

Das gewähre dir der Gott der Menschen,
der dich gewollt seit Seiner Ewigkeit.

Herbert Jung

Menschenkind in unserer Mitte

Herr, unser Gott, unser Vater,
du hast uns deinen Sohn Jesus Christus
als den guten Hirten gegeben,
der uns alle bei unserem Namen kennt.
Wir danken dir für deine Gnade und deine Treue,
für das neue Leben, das du geschaffen hast,
für dieses Menschenkind,
das in unserer Mitte geboren wurde,
und das du uns anvertraut hast.

Du hast ihm Ohren gegeben, um zu hören
und Augen, um zu sehen,
segne auch den Mund dieses Kindes,
dass es lernen darf, zu lachen
und die Sprache der Menschen zu sprechen;
segne die Hände und Füße,
und es möge leibhaftig erfahren,
dass alles gut ist, was du gemacht hast.

Wir bitten dich für dieses Kind
um Sicherheit und Schutz in dieser harten Welt.
Halte fern von ihm alles,
was böse und unmenschlich ist.
Beschütze es vor schlechten Einflüssen,
lass nicht zu, dass es jemals verunglückt
und entstellt wird.
Vielmehr möge es geborgen sein bei seinen Eltern;

und gib, dass wir, die wir erwachsen sind,
diesem Kind kein Ärgernis geben,
sondern es hineinführen in die Wahrheit.

Und wenn jemals die Sünde ihre Macht
über dieses Kind wirksam werden lässt,
dann sei gnädig, Herr unser Gott;
du kennst ja jede Schuld und jeden Mangel im voraus,
und noch bevor dieses Menschenkind sündigen kann,
bist du selbst die Vergebung der Sünden
durch Jesus Christus, unsern Herrn.

Segne dieses Menschenkind in unserer Mitte.

Huub Oosterhuis

Du hast es längst erkannt: Nicht dein Haben ist es, was zählt, sondern nur dein Sein ist von Bedeutung. Was würden dir sämtliche Schätze der Welt bedeuten, wenn du dich selbst nicht besitzt? Reich bist du nur, wenn du mit dir selber in Berührung bist. Wenn du dich annimmst mit allen deinen Vorzügen und allen deinen Schwächen, wenn du deine Überzeugungen und deine Begeisterungen lebst, wenn du dich in dir und in deiner Zeit geborgen weißt, wenn du liebst und geliebt wirst um der Liebe willen, dann wird das Glück des erfüllten Lebens dich allezeit begleiten. Ich weiß keinen größeren Wunsch für dich.

Ruth Martin

Gott sende seine Engel aus

Gott sende seine Engel aus,
damit sie seinen Segen
zu dir tragen und dir
die gute Botschaft bringen, dass Gott
mit seinem Geist,
mit seiner Kraft
für immer bei dir ist.

Gott sende seine Engel aus,
damit sie seinen Segen
zu dir tragen und deine Seele
mit dem Ruf erfüllen, dass Gott
die Welt, die Sterne
und die Menschen
sicher in den Händen hält.

Gott sende seine Engel aus,
damit sie seinen Segen
zu dir tragen
und dir den Mut und das Vertrauen geben,
dass Gott die Wege, die du gehst,
behütet und beschützt.

Er ist der gute Gott, der alle Menschen liebt:
der Vater und der Sohn und der Heilige Geist.
Detlef Kuhn und Jürgen Kuhn

Gott, der Schöpfer, hat deinen Eingang in diese Welt gesegnet. Sein Segen begleite dein Großwerden.

Jesus Christus hat die selig gepriesen, deren Herz rein am Ursprung der Liebe ist. Mit jedem Herzschlag verwurzele er dich neu darin.

Sein guter Geist entfalte in dir die herzliche und unmittelbare Kindschaft zu Gott. Uns alle lasse er aufblühen ins Dasein für dich. Du bist unser Segen.
Albert Dexelmann

Mögest du Weggefährten haben,
die ein Stück des Weges mit dir teilen
auf der langen Reise
durch das Abenteuer Leben.

Möge Gott auf dem Weg,
den du gehst, vor dir her eilen,
das ist mein Wunsch
für deine Lebensreise.

Möge Gott deine Lebenswege
eben machen und alle Stolpersteine
aus dem Weg räumen.
Peter Neysters

Du bist ein Wunder

Sei gesegnet, denn du bist ein Wunder.
Deine Wege seien gottbehütet.
Deine Straßen seien gottbeschützt.

Deine Nächte seien gottbewacht,
und deine Träume seien gottbefohlen.

Dein Beten sei stets gotterhört,
dein Suchen sei stets gottgelenkt.

Deine Tage seien gottbegleitet,
dein Denken immer gotterfüllt,
und deine Pläne seien gottgewollt.

Er, der uns alle
unter seiner Hand geborgen hält,
beschenke dich mit seinem Segen.

Detlef Kuhn und Jürgen Kuhn

Quellenhinweise

Bichsel, Peter (S. 55): Kindergeschichten. © Suhrkamp Verlag Frankfurt am Main 1997

Bickel, Margot: Die Geburt eines Kindes (S. 15), Eines Menschen Heimat (S. 64), aus: Pflücke den Tag, © Verlag Herder GmbH, Freiburg im Breisgau 2008, Geh deinen Weg (S. 23), Einer sagt Ja (S. 97), aus: Geh deinen Weg, © Verlag Herder GmbH, Freiburg im Breisgau 2005

Böll, Heinrich: Für Samay (S. 16) in: Werke. Kölner Ausgabe, Band 23 von Heinrich Böll. Herausgegeben von Hans Joachim Bernhard und Klaus-Peter Bernhard. © 2007 by Verlag Kiepenheuer & Witsch GmbH & Co. KG, Köln.

Bonhoeffer, Dietrich: Die Kirche ist nur Kirche (S. 105), Wenn einer emphatisch beteuern wollte (S. 107), Optimismus ist in seinem Wesen keine Ansicht (S. 109), aus: Widerstand und Ergebung, © 1998, Gütersloher Verlagshaus, Gütersloh, in der Verlagsgruppe Random House GmbH

Bosmans, Phil: Das Wunder ist da (S. 35), Ihr Großen (S. 69), Gegenwärtig (S. 98), aus: Willkommen kleiner Stern. Glück und Segen zur Geburt. © Verlag Herder GmbH, Freiburg im Breisgau 2008

Buber, Martin: Erfolg ist keiner (S. 57), Gott. Ja, es ist (S. 81), Dass du Gott brauchst (S. 84f.), aus: Ich und Du, © 2001, Gütersloher Verlagshaus, Gütersloh, in der Verlagsgruppe Random House GmbH

Carretto, Carlo (S. 116): Ich habe gesucht und gefunden, © Verlag Herder, Freiburg im Breisgau, 5. Auflage 1991

Dexelmann, Albert (S. 153): Teilt den großen Segen. Gebete und Segensworte für Gottesdienst und Seelsorge. © Verlag Herder GmbH, Freiburg im Breisgau 2005

Gottlieb, Johannes; Hauer, Erich (S. 119): Ich rufe dich bei deinem Namen. Für Eltern und Paten zur Taufe eines Kindes. © Verlag Herder GmbH, Freiburg im Breisgau, 4. Auflage 2007

Groß, Werner (S. 128): © Dr. Werner Groß, Liturgie-Kommission der Diözese Rottenburg-Stuttgart

Haak, Rainer (S. 41): Dir neu begegnen. Gebete und Segensworte, © Verlag Herder, Freiburg im Breisgau 2004

Jung, Herbert (S. 149): Gesegnet sollst du sein, © Verlag Herder, Freiburg im Breisgau, 2. Auflage 2002

Kaefer, Herbert: Widerstand und Glaube (S. 115), Gott, du willst das Leben (S. 136), Guter Gott, wir haben viele Wünsche (S. 137), aus: Neue Taufgottesdienste. Thematische Modelle für die Feier der Kindertaufe, © Verlag Herder, Freiburg im Breisgau, 2. Auflage 2001

Kästner, Erich (S. 28): Die kleine Freiheit © Atrium Verlag, Zürich und Thomas Kästner

Kaléko, Mascha (S. 37): Die paar leuchtenden Jahre, © 2003 Deutscher Taschenbuch Verlag, München

Kehl-Kochanek, Christel: Ich bin Ich und Du bist Du (S. 38f.), Unterwegs er und sie (S. 86), Rechte bei der Autorin

Kolakowski, Leszek (S. 88f.): aus: NEUE MINI-TRAKTATE ÜBER MAXI-THEMEN von Leszek Kolakowski, © Leszek Kolakowski, 1999.

Kuhn, Detlef; Kuhn, Jürgen (Hg.): Jeder Tag ist neu (S. 39), Vater für alle (S. 138f.), Gott sende seine Engel aus (S. 152), Du bist ein Wunder (S. 154), aus: Lebensfest Taufe, © Verlag Herder GmbH, Freiburg im Breisgau 2008

Lusseyran, Jacques (S. 65f.): Das wiedergefundene Licht. Die Lebensgeschichte eines Blinden im französischen Widerstand, aus dem Französischen von Uta Schmalzriedt, © 1963 by Jacques Lusseyran, Klett-Cotta, Stuttgart 1966

Marti, Kurt (S. 91): Gott im Diesseits. Versuche zu verstehen, © 2010 by Radius-Verlag, Alexanderstr. 162, 70180 Stuttgart

Martin, Ruth (S. 151): Die besten Wünsche zum Geburtstag © Verlag Herder GmbH, Freiburg im Breigau, 2. Auflage 2006

Mello, Anthony de (S. 116): Warum der Vogel singt. HERDER spektrum Bd. 5661, aus dem Englischen von Ursula Schottelius, © Verlag Herder GmbH, Freiburg im Breisgau, 30. Gesamtauflage 2010

Mutter Teresa (S. 53): Mutter Teresa, Leben, um zu lieben, © Claudia Zankel (Hg.)

Neysters, Peter (S. 153): Mögen deine Wünsche den Himmel erreichen. Irische Segensworte für alle Anlässe. © Verlag Herder GmbH, Freiburg im Breisgau 2007

Oosterhuis, Huub (S. 150f.): Du bist der Atem und die Glut. Gesammelte Meditationen und Gebete, aus dem Niederländischen von Dr. P. Pawlowsky, © Verlag Herder, Freiburg im Breisgau, 4. Auflage 1996

Osterwalder, Josef (S. 34): Wir wollen eine Geschichte. Geschichten, Ideen, Gebete, © Matthias Grünewald-Verlag. Mainz 1980

Peikert-Flaspöhler, Christa (S. 141): Rechte bei der Autorin

Roos, Michael: Liebe Eltern, wenn ich Sie fragen würde (S. 74f.), Die Einheit in Gott bedeutet nicht (S. 112), Stärker als alles ist die Liebe (S. 135), aus: Wasser des Lebens. Predigten zu allen Lesungen der Taufliturgie. © Verlag Herder GmbH, Freiburg im Breisgau 2007

Rotzetter, Anton: Du göttliches Leben (S. 37), Ihr habt das Kind (S. 49), Fragen an die Eltern (S. 70), Die Handauflegung (S. 122), Gott. Wasser ist etwas (S. 129f.), aus: Gott, der mich atmen lässt. Gebete, © Verlag Herder, Freiburg im Breisgau, 17. Gesamtauflage 2002

Sager, Ariela (S. 19): Rechte bei der Autorin

de Saint-Exupéry, Antoine: Wasser, du hast weder (S. 123) aus: Wind, Sand und Sterne, © 1939 und 1999 Karl Rauch Verlag, Düsseldorf, Kinder müssen mit Erwachsenen sehr (S. 62), Adieu, sagte der Fuchs (S. 75), aus: Der kleine Prinz. © 1950 und 2008 Karl-Rauch-Verlag, Düsseldorf

Schwarz, Andrea (S. 43): Du Gott des Weges segne uns. Gebete und Meditationen, © Verlag Herder GmbH, Freiburg im Breisgau 2008

Schwikart, Georg: Das Sakrament der Geburt (S. 34), Tränen des Glücks (S. 77), Start und Ziel (S. 85f.), Du musst dich entscheiden (S. 114), aus: Du bist getauft. Erinnerungsalbum, © 2002 Butzon & Bercker GmbH, Kevelaer, www.bube.de, Morgenröte (S. 27), aus: Weißt du, wo der Himmel ist. Spuren der Lebenskunst. © 2007 Butzon & Bercker GmbH, Kevelaer, S. 6, www.bube.de, „Kirche" – das sind wir (S. 110f.), aus: Katholisch und Evangelisch Kindern erklärt, © 2007 Butzon & Bercker GmbH, Kevelaer, www.bube.de

Schwikart, Judith: Geschenk des Himmels (S. 66), Dass bereits der Wunsch zu beten (S. 92), Rechte bei der Autorin

Uwe Seidel (S. 140): Hanns Dieter Hüsch/Uwe Seidel, Ich stehe unter Gottes Schutz, Seite 155, 2009/11 © tvd-Verlag Düsseldorf, 1996

Tomberg, Markus: Nicht allein in deinem Namen (S. 49), Dass dein Ohr (S. 121), Wie dein Glück leuchtet (S. 132), aus: Zur Taufe Gottes Segen, © Verlag Herder GmbH, Freiburg im Breisgau, 2. Auflage 2009

Vogt, Michael (S. 47): Rechte beim Autor

Wegner, Bettina (S. 67f.): © Anar. Musikverlag, Berlin

Werth, Jürgen (S. 58): © Small Stone Media Germany, Kerpen

Willms, Wilhelm (S. 125f.): Wilhelm Willms, Mitgift* eine Gabe, mitgeben in die Ehe, © 1996 Butzon & Bercker GmbH, Kevelaer, 10. Aufl., S. 45, www.bube.de

Zenetti, Lothar: Tauflied (S. 142f.), aus: Auf Seiner Spur. Texte gläubiger Zuversicht, Topos Plus 327, © Matthias-Grünewald-Verlag der Schwabenverlag AG Ostfildern, 4. Auflage 2006, S. 88f, Ich gebe zu, ich liebe (S. 105), © Lothar Zenetti

Zink, Jörg (S. 141): Mehr als drei Wünsche, © KREUZ Verlag in der Herder GmbH, Freiburg im Breisgau 2004

Zollitsch, Robert (S. 71): Weit mehr als wir für möglich halten. Ein Begleiter für die Fasten- und Osterzeit, © Verlag Herder GmbH, Freiburg im Breisgau 2010

Zoor, Edgar (S. 108): Rechte beim Autor

Bilder: © www.photocase.com (S. 11/mathiasthedread; S. 31+45/Helgi; S. 59/Jo.Sephine; S. 79/bit.it; S. 103/MrNico; S. 117/S11; S. 133/vita)

In wenigen Fällen ist es uns trotz großer Mühen nicht gelungen, alle Inhaber von Urheberrechten und Leistungsschutzrechten zu ermitteln. Da berechtigte Ansprüche selbstverständlich abgegolten werden, ist der Verlag für Hinweise dankbar.

Autorenregister

Alighieri, Dante 33
Aurelius Augustinus 82

Bachmann, Ingeborg 14
Basilius von Seleukia 105
Benedikt XVI. 132
Bichsel, Peter 55
Bickel, Margot 15, 23, 64, 97
Bill, Josef 65
Blumhardt, Christoph 108
Bodelschwingh, Friedrich von 90
Böll, Heinrich 16
Bonhoeffer, Dietrich 105, 107, 109
Bosmans, Phil 35, 68f., 98
Buber, Martin 57, 81, 84f
Buck, Pearl S. 62
Burke, Bill 29
Busch, Wilhelm 15

Carretto, Carlo 116
Chardin, Pierre Teilhard de 106
Claudius, Matthias 20

Delp, Alfred 83
Dexelmann, Albert 153
Dirks, Walter 98

Evely, Louis 56

Fink, Josef 123
Franz von Assisi 85

Gertrud von Helfta 82
Gibran, Kahlil 69f
Giglinger, Friedrich 113
Gottlieb, Johannes 119
Greene, Graham 92

Groß, Werner 128

Haak, Rainer 41
Hagen, Nina 63
Hammarskjöld, Dag 100f
Häring, Bernhard 106
Hauer, Erich 76f
Hauer, Gabi 76f
Heiß, Wolfgang 113
Hendricks, Franz J. 17
Holmes, John Andrew 61

Janosch 82
Jean Paul 13, 16, 61, 82
Johannes Chrysostomos 107
Johannes Paul II. 51
Jung, Carl Gustav 89
Jung, Herbert 149

Kaefer, Herbert 115, 136, 137
Kaléko, Mascha 37
Kästner, Erich 28
Kehl-Kochanek, Christel 38f, 86
Kierkegaard, Sören 22
Klepper, Jochen 96
Kołakowski, Leszek 88f
Kolb, Helga 61
Korczak, Janusz 66f
Kuhn, Detlef 39, 138f, 152f, 155f
Kuhn, Jürgen 39, 138f, 152f, 155f

Labusch, David 13
Laotse 26
Lusseyran, Jacques 65f
Luther, Martin 83

Mahatma Gandhi 61

Mare, Walter de la 42
Marti, Kurt 91
Martin, Ruth 151
Mello, Anthony de 116
Merton, Thomas 24
Miller, Alice 61
Mutter Teresa 53

Newman, John Henry 53
Neysters, Peter 153
Nouwen, Henri J. M. 82

Oosterhuis, Huub 150f
Osterwalder, Josef 34

Pacheco, José Emilio 123
Pascal, Blaise 81
Peikert-Flaspöhler, Christa 141
Picasso, Pablo 28
Pius XII. 105
Ptahhotep 63

Quoist, Michel 33

Rabelais, François 21
Rilke, Rainer Maria 13, 30, 88
Rinderknecht, Hans Jakob 107
Roos, Michael 74f, 112, 135
Rosanov, Vasilij 62
Rosegger, Peter 21
Rotzetter, Anton 37, 49, 70, 122, 129f, 131

Sager, Ariela 18f
Saint-Exupéry, Antoine de 62, 75
Schleiermacher, Friedrich 13
Schmidt, Arno 63
Schwarz, Andrea 43
Schwikart, Georg 13f, 17, 19f, 22, 23, 24, 26, 29, 34, 36, 41, 44, 48, 50f, 52, 57, 58, 64, 70f, 73f, 77, 81, 84, 85f, 87, 91, 93f, 95, 97, 100, 110f, 114, 120f, 124, 130, 131, 142, 144, 146f, 148, 154f
Schwikart, Judith 92
Seidel, Uwe 140
Söderblom, Nathan 51
Sölle, Dorothee 108
Sokrates 63
Solschenizyn, Alexander 90
Sophokles 13
Stein, Edith 106

Tagore, Rabindranath 33, 36
Teresa von Avila 92
Tillich, Paul 81
Tolstoi, Leo 95
Tomberg, Markus 49, 121, 132
Twain, Mark 62
Twardowski, Jan 54

Voegelin, Eric 87
Vogt, Michael 47
Vulpius, Melchior 47

Walters, Hellmut 62, 105
Wegner, Bettina 67f
Werfel, Franz 81
Werth, Jürgen 58
Wilkes, Clemens 112
Willms, Wilhelm 125f
Wittgenstein, Ludwig 92

Zenetti, Lothar 105, 142f
Zink, Jörg 141
Zollitsch, Robert 71
Zoor, Edgar 108